HOMO ARTIFEX

COMO A ARTE NOS TORNOU VERDADEIRAMENTE HUMANOS

Editora Appris Ltda.
1.ª Edição - Copyright© 2024 dos autores
Direitos de Edição Reservados à Editora Appris Ltda.

Catalogação na Fonte
Elaborado por: Dayanne Leal Souza
Bibliotecária CRB 9/2162

N244h 2024	Nascimento, Carolina Santa Isabel Homo Artifex: como a arte nos tornou verdadeiramente humanos / Carolina Santa Isabel Nascimento e Marcelo Nivert Schlindwein. – 1. ed. – Curitiba: Appris, 2024. 153 p. : il. ; 23 cm. – (Coleção Ensino de Ciências). Inclui referências. ISBN 978-65-250-6591-5 1. Evolução humana. 2. Paleoantropologia. 3. Ecologia humana. 4. Cenozóico. 5. Primatas. 6. Cérebro - Evolução. 7. Literatura. 8. Música. I. Nascimento, Carolina Santa Isabel. II. Schlindwein, Marcelo Nivert. III. Título. IV. Série. CDD – 599.8

Livro de acordo com a normalização técnica da ABNT

Appris editora

Editora e Livraria Appris Ltda.
Av. Manoel Ribas, 2265 – Mercês
Curitiba/PR – CEP: 80810-002
Tel. (41) 3156 - 4731
www.editoraappris.com.br

Printed in Brazil
Impresso no Brasil

Carolina Santa Isabel Nascimento
Marcelo Nivert Schlindwein

HOMO ARTIFEX

COMO A ARTE NOS TORNOU VERDADEIRAMENTE HUMANOS

Appris *editora*

Curitiba, PR

2024

*Aos músicos e compositores, que com sua maravilhosa arte
sonora e poética propiciaram importantes enzimas meméticas,
fundamentais para a construção desse texto.*

AGRADECIMENTOS

Várias pessoas contribuíram para esse livro de alguma forma, seja com uma conversa informal, uma pergunta instigante ou com muitas dúvidas sobre como teria ocorrido o processo evolutivo humano. Aqui tentaremos lembrar de algumas das mais presentes durante o nosso período de escrita.

À Prof.ª Rita de Cássia Lana (*in memoriam*), por alguns dos primeiros questionamentos sobre a Arte, quando uma das autoras ainda era uma estudante de graduação, andando atenta e curiosa pelos corredores do campus de Sorocaba da UFSCar; a Euder Monteiro, pelos persistentes trabalhos de popularização da Paleoantropologia, pelas discussões e trocas de materiais sobre o tema desde o ano de 2012; aos nossos estudantes em diversas disciplinas, que nos instigaram com todos as provocações e questionamentos acerca do que é ser um humano. Sem dúvida, uma das partes mais bonitas e recompensadoras no processo da educação é essa troca e esse fluxo incessante do conhecimento.

Marcelo agradece em particular a Hylio Laganá Fernandes, por seu engajamento em promover entre os estudantes de Biologia o tema da Arte e da divulgação científica, propiciando que pesquisas com esse assunto fascinante tenham cada vez mais lugar como parte importante dentro do ambiente acadêmico, e assim capazes de transformar os muitas vezes áridos, em termos de arte, corredores da universidade. Uma dimensão que é fundamental para uma formação completa de estudantes de qualquer área de formação.

Carolina agradece a Sandra Bacaltchuk e família pelo estímulo e ideias durante a finalização da escrita; ao Prof. Marcelo Adorna e à Capes pela bolsa de pesquisa durante o doutorado, período em que foi escrita uma parte desse livro. A Vassíli Piiadov, pela companhia em todas as aventuras que aparecem ou que criamos nas nossas vidas; e à família, pelo apoio nesses caminhos da Ciência.

Toda arte é reminiscência da noite e das origens ancestrais, das quais alguns fragmentos vivem ainda no artista.

(Paul Klee)

APRESENTAÇÃO

A versão final deste livro foi escrita entre os anos 2020 e 2023, anos em que o mundo enfrentava uma pandemia, causada pelo vírus SARS-CoV-2. Os registros das alterações no clima e na biodiversidade do planeta, aceleradas nas últimas décadas por ação antrópica, têm levado a discussões e alertas sobre situações como essa serem esperadas periodicamente, se não formos capazes de repensar as atitudes cada vez mais destrutivas dos quase 8 bilhões de indivíduos da nossa espécie, e a nossa postura com relação aos recursos naturais da Terra. Apesar de todos esses alertas, a pandemia veio com efeitos avassaladores, expondo e intensificando os problemas sociais que vivemos diariamente, mas fingindo que não vemos. Sistemas de saúde colapsaram, não por falta de conhecimento técnico ou de trabalhadores qualificados, mas por estarem há décadas também inseridos na lógica do nosso sistema econômico atualmente predominante, em que os investimentos públicos e privados estão atrelados a retorno financeiro. E, assim, por essa série de fatores, milhões de famílias perderam mães, pais, filhos e filhas. Cidades inteiras entraram em estado de emergência, algumas ainda mais por terem como gestores governantes que demonstraram verdadeiro desprezo pela população que deveriam representar. Para suportarem passar por esse caos e incertezas, as pessoas se apegaram ainda mais ao que parecia consolá-las e ajudar a mantê-las vivas dia após dia – a arte. Movidos pela necessidade de interação social e de comunicação, tentaram adaptar as suas atividades artísticas e culturais. Museus de todo o mundo passaram a realizar passeios virtuais pelas suas instalações, bibliotecas organizaram eventos literários e conversas on-line com escritoras e escritores, artistas escreveram filmes, pintaram quadros, fizeram esculturas, compuseram músicas sobre sonhos interrompidos e adiados; além de explodirem, nas redes, as lives. Nesses anos de caos, incertezas e necessidade de isolamento, ficou claro como não vivemos sozinhos e como dependemos uns dos outros. Embora periodicamente a humanidade ignore ou finja ignorar esse fato, a realidade inegável é que nós somos parte do ambiente, fazemos parte dele e o modificamos com cada uma das nossas ações. Somos "apenas mais uma espécie única", uma espécie altamente social, dependente de simbologias, com certas conexões neurais que nos fazem bastante responsáveis pelos nossos atos, e, principalmente, bastante conscientes disso. Este livro é uma tentativa de esclarecer como provavelmente chegamos até aqui, como foi o desenvolvimento dessas tais características sociais e cognitivas. E que consequências esse fato nos traz.

Os autores

PREFÁCIO

Dentre outras quinquilharias, a sala da minha casa tem algumas imagens nas paredes: quadros, desenhos e fotografias para as quais eu, volta e meia, devoto um momento de contemplação. Quando me julgo duramente por não me adequar ao modelo de apresentabilidade científica criado por nossa cultura acadêmica (em outras palavras, eu vou de chinelo para a universidade e tenho uma leve tendência à comédia em momentos ditos inoportunos), eu olho a fotografia do Richard Feynman, com seu sorriso irreverente, e me lembro que a honestidade científica começa com a fidelidade a si mesmo. Quando me considero "dona da razão" ou "vítima do universo", contemplo uma reprodução de "Casa Milà", de Gaudí, e me lembro que já fui perdoada por atitudes horríveis. Quando eu preciso de um pouco de ânimo para o trabalho, lá está o pôster "eu quero acreditar", me inspirando com o otimismo de Fox Mulder. Do outro lado da sala, um amonite meio "psicodélico", desenhado em uma lousa por um amigo, não me deixa esquecer que a vida humana também pode sofrer profundas transformações em um curto intervalo de tempo.

Aposto que você, leitor, não entendeu nada. Não é para entender tanto assim também. Não se cobre. Como Carolina e Marcelo, nesse livro, lembraram Oscar Wilde: "É o espectador, e não a vida, que a arte realmente espelha".

Assim como eu, muitos dos leitores podem não compor ou cantar, atuar, desenhar, dançar ou escrever literatura. Mas cada um de nós se sente acolhido, estimulado, emocionado ou inspirado por um filme em um dia de chuva, uma frase de um livro preferido, ou uma música que faz lembrar um amor, uma perda, ou ambos.

Talvez, consumir e compartilhar a arte também seja uma forma de arte: "Você já leu esse livro?"; "Você já assistiu esse filme?"; "Por favor, assista/leia! Quero conversar com você sobre..."; "Você precisa escutar essa música!". É bom colocar nossas percepções para conversar.

Meus contatos com Carolina e Marcelo foram quase instantâneos. Sobre a Carol, eu me lembro de ter sido uma ótima aluna na disciplina de pós-graduação que ministrei há alguns anos na UFSCar. Sobre o Marcelo, eu me lembro de trocarmos horários de aula para otimizarmos nossos objetivos acadêmicos. Conversas em minutos nos corredores da universidade... Por outro lado, pude dialogar bastante com Marcelo e Carolina por meio deste livro.

Em *Homo Artifex*, os autores também promovem o diálogo entre outros livros e artigos, compilando aspectos marcantes sobre evolução humana e nossos aparatos biológicos que explicam e refletem sobre como essa se tornou uma das manifestações humanas mais enigmáticas em suas motivações e definições.

Antes de tudo, é um livro de fácil leitura, ideal para jovens universitários que pretendem começar a se aventurar sobre peculiaridades intrigantes da evolução de nossa espécie. Mas também é um livro para o leigo que quer se atualizar no tema.

Os autores já advertem ao leitor que espera uma resposta pronta ou uma explicação acabada: não é um livro sobre "porquês" ou "para quês". Trata-se de uma trajetória em busca do "como".

Mírian Pacheco
Docente em Paleontologia no Departamento de Biologia da Universidade Federal de São Carlos (Campus Sorocaba)

Sorocaba, 29 de novembro de 2023

SUMÁRIO

1

INTRODUÇÃO

No prefácio do seu único romance, "O retrato de Dorian Gray", publicado em 1891, o escritor Oscar Wilde faz uma provocação sobre o papel da arte e do artista na sociedade:

> [...] O artista pode expressar tudo.
> O pensamento e a linguagem são para o artista instrumentos de uma arte.
> O vício e a virtude são para o artista materiais para uma arte.
> Do ponto de vista da forma, o tipo de todas as artes é a arte do músico. Do ponto de vista do sentimento, o ofício do ator é o tipo.
> Toda arte é ao mesmo tempo superfície e símbolo.
> Aqueles que vão além da superfície o fazem por sua conta e risco. Aqueles que leem o símbolo o fazem por sua conta e risco.
> É o espectador, e não a vida, que a arte realmente espelha.
> A diversidade de opinião sobre uma obra de arte mostra que ela é nova, complexa e vital.
> Quando os críticos discordam, o artista está de acordo consigo mesmo.
> Podemos perdoar um homem por fazer algo útil, desde que ele não o admire. A única desculpa para fazer uma coisa inútil é que a admire intensamente.
> Toda arte é bastante inútil. [1]

Dirigindo-se principalmente aos críticos literários, Wilde afirma que a interpretação de uma obra artística, bem como a sua classificação como boa ou ruim, depende, na realidade, de certas características do espectador, relacionadas às suas experiências prévias e expectativas. Ao dizer que

---

[1] Tradução livre do original: The artist can express everything. Thought and language are to the artist instruments of an art. Vice and virtue are to the artist materials for an art. From the point of view of form, the type of all the art is the art of musician. From the point of view of feeling, the actor's craft is the type. All art is at once surface and symbol. Those who go beneath the surface do so at their peril. Those who read the symbol do so at their peril. It is the spectator, and not life, that art really mirrors. Diversity of opinion about a work of art shows that the work is new, complex, and vital. When critics disagree, the artist is in accord with himself. We can forgive a man for making a useful thing as long as he does not admire it. The only excuse for making a useless thing is that one admires it intensely. All art is quite useless. (Oscar Wilde, em *O Retrato de Dorian Gray*)

"Revelar a arte e ocultar o artista é o objetivo da arte"[2], o autor indica que o objetivo ou o significado, em primeiro plano, é a própria arte, o que sugere que a produção artística é, essencialmente, uma tarefa bastante pessoal e uma necessidade do artista, que expressa a sua visão e suas impressões acerca do mundo em sua obra, sendo capaz de expressar quaisquer que sejam as suas sensações.

Essa expressão seria possibilitada ao utilizar como ferramentas o pensamento e a linguagem. O pensamento possibilita a formação prévia da obra, ainda na mente do artista, enquanto a linguagem é a sua própria expressão, a criação e a transmissão dos pensamentos e ideias. A leitura, por outro lado, envolve não apenas o trabalho em si, mas é influenciada em grande parte pela visão e experiências do espectador, que a traduz e interpreta de acordo com as suas próprias impressões do mundo. Por esse motivo, toda arte seria, "ao mesmo tempo, superfície e símbolo"[3]. Não se pode, portanto, observar apenas uma ou outra dessas faces sem cair nos riscos de observá-la e compreendê-la apenas parcialmente.

Ainda sobre a definição de arte e o seu real sentido e objetivo, há a afirmação final: "A única desculpa para fazer uma coisa inútil é admirá-la intensamente. / Toda arte é bastante inútil."[4]

Ou seja, de acordo com Wilde, a arte em si mesma seria apenas... arte. Ela surge quase somente como uma necessidade do artista, como uma forma de expressar a sua visão e sensações diante da vida e do mundo. Ela não nasce com um objetivo ou por uma razão específica, e não apresenta uma utilidade prática intrínseca. Dessa forma, a arte seria, essencialmente, inútil.

Considerando essa forte provocação do escritor Oscar Wilde, e utilizando como base o paradigma da evolução, neste livro buscamos discutir a origem e o desenvolvimento do comportamento simbólico na linhagem do gênero *Homo* (o gênero ao qual pertencem os humanos). E, a partir dessas discussões, tentarmos compreender se a arte surgiu ela mesma como uma característica adaptativa ao longo da evolução humana, que trouxe vantagens para os indivíduos, de alguma forma contribuindo para sua sobrevivência e reprodução; ou se, na verdade, trata-se de uma capacidade periférica, derivada de conjuntos de outras, essas sim com forte valor adaptativo.

---

[2] To reveal art and conceal the artist is art's aim.

[3] [...] once surface and symbol.

[4] The only excuse for making a useless thing is that one admires it intensely.
All art is quite useless (WILDE, 2009, p. 5).

Nosso objetivo é contribuir para essas discussões, seja no campo das Ciências Biológicas e Naturais, seja no campo das Ciências Humanas e Sociais, sugerindo como na verdade não existem e talvez não devam existir limites claros entre essas áreas, já que somos animais, parte do ambiente (natural e social) em que nos desenvolvemos e habitamos, provocando transformações acentuadas por conta das nossas intrigantes características específicas de cognição e de desenvolvimento simbólico.

2

SOBRE A ARTE

O surgimento e o desenvolvimento do pensamento simbólico, que se iniciaram com representações do meio natural, culminaram em uma produção atualmente encontrada em diversas áreas do conhecimento. Essas contribuições estão em inúmeros âmbitos da sociedade – desde o início das primeiras manifestações registradas na pintura, escultura, dança, música e teatro, até a arquitetura, literatura, poesia, fotografia, cinema e as atuais mídias digitais. Elas podem inclusive ser utilizadas de forma bastante específica e direcionada, sendo aplicadas a interesses próprios ou de determinados grupos ou setores da sociedade, incorporando valores políticos e midiáticos.

Fica evidente então o poder de comunicação da produção artística. Ela pode ser transformadora ou influenciar um pensamento, uma ideia ou uma visão de mundo; pode representar valores culturais, morais ou religiosos; pode ser utilizada para auxiliar na educação, na divulgação de ideias; ou pode ser utilizada simplesmente para entreter ou com fins comerciais, entre outras utilizações práticas, de acordo com os interesses do artista ou a quem a obra se destina.

2.1. E O QUE É ARTE?

A sua definição é uma tarefa complexa. O crítico de arte Frederico Morais, em uma de suas obras[5], expõe 801 possíveis definições de arte e do fazer artístico. O autor cita, por exemplo, Mário de Andrade[6], que ao final de uma aula inaugural, em que estava lecionando Filosofia e História da Arte, surpreendeu ao dizer: "Devo confessar preliminarmente que não sei o que é belo e nem sei o que é arte"[7].

---

[5] MORAIS, F. *Arte é o que eu e você chamamos arte*: 801 definições sobre arte e o sistema da arte. 4. ed. Rio de Janeiro: Record, 2002.

[6] Mário Raul de Morais Andrade (1893-1945) foi um escritor, musicólogo, folclorista, fotógrafo e historiador de arte brasileiro, atuando como um dos principais organizadores da Semana de Arte Moderna, uma importante manifestação artístico-cultural ocorrida no Brasil, no ano 1922.

[7] Citado por Morais, 2002, p. 9.

O historiador de arte Ernst Gombrich afirma que "Nada existe realmente a que se possa dar o nome Arte. Existem somente artistas"[8]. Em "O que é arte?", obra publicada originalmente em 1897, o escritor Leon Tolstói questiona a definição de arte simplesmente como manifestação da beleza, porque mesmo a beleza se apresenta como um conceito difícil de definir. Dessa forma, o autor chama a atenção para o perigo dessas dificuldades de definição, já que

> Como acontece em tudo, quanto mais vago e confuso o conceito expressado por uma palavra, maior a pose e segurança com que as pessoas a usam, fazendo de conta que o que se entende por essa palavra é tão simples e claro que nem vale a pena falar sobre o que ela realmente significa.[9]

Nessa obra, Tolstói também apresenta e discute diversas definições de beleza e de arte apresentadas por vários artistas e pensadores de áreas distintas. Cita, por exemplo, Charles Darwin, que afirmava que a beleza é um sentimento não exclusivamente humano, mas sim compartilhada com outros animais e, portanto, deveria estar presente já "nos ancestrais do homem"[10]. De acordo com Darwin, a beleza influencia a escolha dos parceiros, porque ela inclui a noção de "características diferenciadoras"[11]. É o que ele discute em seu livro sobre seleção sexual. Dessa forma, a arte da música poderia ter se originado do chamado entre potenciais parceiros sexuais, como é tão característico no canto das aves, por exemplo.

Após discorrer sobre diversas definições de beleza, Tolstói conclui nessa obra que elas apresentam em comum duas características: a noção de que "a beleza é algo que existe em si mesma, uma manifestação do absolutamente perfeito – ideia, espírito, vontade ou Deus"[12] – e a ideia de que a beleza "é um certo prazer que experimentamos, que não tem benefício pessoal como seu objetivo"[13]. Sendo assim, afirma o autor, não existe uma definição objetiva da arte. Entretanto, essas definições como algo místico e indefinido ou como prazer desinteressado seriam ainda imprecisas e insuficientes. Então, por fim, ele acaba por dar uma pista da sua própria definição:

---

[8] GOMBRICH, E. H. *A história da arte*. 16. ed. Rio de Janeiro: LTC, 1999. p. 15.

[9] TOLSTÓI, L. *O que é arte?* São Paulo: Ediouro, 2002, p. 34.

[10] DARWIN, C. *A origem do homem e a seleção sexual*. Curitiba: Hemus, 2002 (publicado pela primeira vez em 1871).

[11] *Ibid.*, citado por TOLSTÓI, 2002.

[12] TOLSTÓI, 2002, p. 61.

[13] *Idem*.

> "A Arte é a atividade humana que consiste em um homem comunicar conscientemente a outros, por certos sinais exteriores, os sentimentos que vivenciou, e os outros serem contaminados desses sentimentos e também os experimentar".[14]

Sendo assim, para Tolstói, comunicar de alguma forma e contaminar outros com os seus próprios sentimentos e vivência é que seriam os critérios de definição sobre o que vem a ser a arte.

Na discussão sobre a questão ontológica, a filósofa Amie Thomasson[15] chama a atenção para a dificuldade de responder a uma das questões principais desse tema: a que entidades correspondem as obras de arte? A ideia, nesse caso, não é definir o que é ou não arte, mas sim tentar entender ou definir "que relação as obras de diferentes formas guardam com os estados mentais de artistas ou de espectadores" e "sob que condições obras são criadas, sobrevivem e desaparecem?"[16]. A autora afirma, por exemplo, que há uma tendência inicial de se considerar obras de arte como objetos físicos. Entretanto, que essa hipótese pode ser rapidamente descartada ao pensarmos na música, na literatura ou no drama, por exemplo, porque, ainda que as suas cópias sejam todas destruídas, a obra permanece, e pode ainda ser executada. Ainda segundo a autora, há uma diversidade de respostas disponíveis para essas questões, mas a ontologia da arte é um problema filosófico reconhecidamente difícil porque envolve fatores que também não são bem definidos, ou precisam ser revistos, como a compreensão comum do que é arte e nossas práticas relacionadas a ela. Por outro lado, diferentes filósofos tentaram incluir as obras artísticas em "categorias concebidas pelos sistemas metafísicos consagrados"[17], tais como as de objetos imaginários, objetos puramente físicos ou diversos tipos abstratos. A autora acredita que esse distanciamento entre as diferentes visões (filosóficas e de senso comum), que além de tudo devem passar por algumas revisões, tenha levado a uma diversidade de propostas de soluções, mas nenhuma satisfatória. Como exemplo, cita o fato de ser comum a divisão em objetos físicos independentes da mente, e objetos meramente imaginários. Essa divisão, porém, não se aplica a obras artísticas, já que mesmo pinturas ou esculturas, por exemplo, não podem ser consideradas obras físicas independentes da mente: "essas obras de arte são entidades públicas, externas

---

[14] *Ibid.*, p. 65.

[15] THOMASSON, A.L. A ontologia da arte. *In*: KIVY, Peter. (org.). *Estética*: fundamentos e questões de filosofia da arte. São Paulo: Paulus, 2008.

[16] *Ibid.*, p. 101, ambas as citações.

[17] *Ibid.*, p. 116.

à mente, existindo continuamente depois de criadas, mesmo se não estão sendo observadas ou pensadas continuamente"[18], e ainda, "diferentemente de objetos físicos puramente independentes da mente, é metafisicamente necessário que possam vir à existência unicamente através de atividades humanas intencionais"[19]. Sendo assim, várias dessas questões ainda não estão claramente definidas.

O sociólogo Miguel Chaia destaca duas diferentes linhas de pensamento sobre a criação artística: uma delas é originada em Karl Marx e encontra continuidade em Theodor Adorno, Guy Debord e Fredric Jameson, autores que defendem que a arte está relacionada à condições externas a ela, e reflete diretamente as condições sociais em que o artista e a obra estão inseridos, portando "qualidades e tensões advindas tanto das características propriamente artísticas quanto traços da sociedade"[20], e por esse motivo ao mesmo tempo que a obra de arte tem as suas especificidades, ela "faz parte do sistema de objetos produzidos na economia"[21]. A outra escola de pensamento destacada pelo autor é a resultante do pensamento de Friedrich Nietzsche, e que continua nas produções de Antonin Artaud, Maurice Blanchot, entre outros, que compreendem a arte como um movimento em direção ao sujeito (o artista ou o espectador), com o significado de potencializar a vida, "criando simbioses de difíceis distinções entre artista, obra, circunstância e vida"[22]. As duas correntes apresentariam em comum o fato de compreenderem que

> A arte tanto pode ser hostilizada pela sociedade quanto se constituir numa linguagem e discurso favorável à manutenção da alienação, incluem a arte na ambígua concepção que estas correntes possuem de política – passando da crítica à valorização desta atividade sob novas formas – e, ainda, consideram a arte um lugar possível de resistência e mudança na sociedade e, principalmente, um denso vestígio de humanidade.[23]

O escritor e historiador de arte Arnold Hauser afirma que, mesmo que os representantes da teoria da "arte pela arte" estivessem certos ao dizer que uma obra é um microcosmo e que qualquer referência a alguma realidade para além da obra destrói de forma irreparável a sua ilusão estética, ainda assim, no fim, toda arte conduz, de certa forma, à realidade. Sobre isso ele afirma:

---

[18] *Ibid.*, p. 117.

[19] THOMASSON, 2008, p. 118.

[20] CHAIA, M. (org.) *Arte e política*. Rio de Janeiro: Azougue, 2007. p. 15.

[21] *Idem.*

[22] *Ibid.*, p. 16.

[23] *Ibid.*, p. 17.

> Uma obra de arte é um desafio; não a explicamos, ajustamo-nos a ela. Ao interpretá-la, fazemos uso dos nossos próprios objetivos e esforços, dotamo-la de um significado que tem a sua origem nos nossos próprios modos de viver e de pensar[24]. [...] A arte maior dá-nos uma interpretação da vida que nos permite enfrentar com maior êxito o estado caótico das coisas e extrair da vida um sentido superior, isto é, mais convincente e mais seguro[25].

E vai além, quando utiliza a comparação feita pelo filósofo Ortega y Gasset[26]: a obra de arte seria como a abertura de uma janela sobre o mundo. Pode-se contemplar a paisagem dando mínima importância à qualidade, à estrutura ou à cor do vidro, sendo a janela simplesmente um veículo para levar à experiência; ou, ao contrário, pode-se concentrar a atenção na estrutura e características do vidro, dando pouca ou nenhuma importância à vista, sendo a obra, então, uma estrutura opaca, ou seja, completa em si própria e isolada do exterior. Entretanto, afirma Hauser, por mais que se queira concentrar por muito tempo e atentamente no vidro, não se pode esquecer que uma janela é feita para se olhar para o exterior.

O autor defende a ideia de que toda arte tem, de alguma forma, algum tipo de função na sociedade. Ele afirma que a "cultura serve para proteger a sociedade"[27]: enquanto as tradições, as convenções, as criações espirituais e as instituições seriam meios de organização social, a filosofia, ciência, religião e arte atuariam como meios de tentativa de conservar essa sociedade. Ela teria surgido primeiro como um instrumento de magia, assegurando (ainda que simbolicamente) a sobrevivência de grupos ancestrais de caçadores-coletores nômades. Em seguida, ela teria se convertido em instrumento de religião animista, referindo-se a espíritos bons ou maus, baseados no interesse da comunidade; seguindo-se de uma glorificação gradual de deuses com total poder, e seus representantes terrestres, por meio de estátuas, hinos e pane-gíricos; e, por fim, a sua utilização com fins propagandísticos, atendendo aos interesses de um grupo fechado, um partido político ou uma classe social.

De acordo com Hauser, mesmo aquele artista que se propõe a se isolar do mundo e de qualquer tipo de valor e fins práticos, "declarando existir por si e por amor ao Belo"[28], mesmo nesse caso a sua obra acaba tendo uma

---

[24] HAUSER, A. *Teorias da arte*. 2. Ed. Martins Fontes, 1978. p. 11.

[25] *Ibid.*, p. 13.

[26] ORTEGA Y GASSET, J. La deshumanización del arte. 7. ed. Universidade de Indiana: Revista de Occidente, 1925. p. 19.

[27] HAUSER, 1978, p. 14.

[28] *Ibid.*, p. 15.

função social, assumindo o papel de representação de determinada camada social, que reconhece implicitamente os seus padrões de valores morais e estéticos. Nesse caso, ele defende, em uma posição como essa, de uma obra realizada apenas pelo amor ao belo, poderia ser gerada por uma tentativa de "relativa segurança ou de alienação social dos artistas"[29]. Ele conclui que o artista, ainda que involuntária e inconscientemente, acaba por se tornar porta-voz, representante de uma camada da sociedade, por meio da expressão das suas esperanças e expectativas. Porém, não deixa de evidenciar que a relação entre artista e obra pode ter um caráter bastante pessoal:

> A arte não é, certamente, a língua-mãe da humanidade. É, de fato, uma linguagem altamente artificial, um meio de expressão estranho, equívoco, forçado. Os indivíduos normais não veem razão para a utilizar. Escrever poesia ou pintar quadro para gozo dos outros e como remuneração pode ser uma ocupação inocente ou mesmo recomendável; contudo, produzir obras de arte como hábito ou obsessão é, para dizer o mínimo, uma atividade excêntrica. Por que é que uma pessoa normal haveria de pretender que a vida é diferente do que realmente é? Para o fazer, ela terá de estar em desacordo com o mundo e sentir-se alienado ou desorientado de algum modo.[30]

De fato, no supracitado "Arte e política", Miguel Chaia cita o filósofo Friedrich Nietzsche e levanta outra questão indispensável sobre o tema. Em uma discussão sobre o significado da arte entre os gregos, o filósofo alemão indaga "O problema do sentido da arte: para que arte?"[31].

2.2. O SENTIDO DA ARTE

> *O problema do sentido da arte: **para que arte?***
> *(Friedrich Nietzsche, Fragmentos finais, grifo nosso)*

No já referido "A história da arte", Gombrich chama atenção para o fato de que "alguma forma de arte existe em todas as regiões do globo"[32]. O filósofo Ernst Fischer questiona sobre esse assunto, e levanta algumas possibilidades, como o fato de ela poder, na verdade, satisfazer a variadas necessidades. Inclusive observando quando da sua origem, as suas funções

---

[29] HAUSER, 1978, p. 14.
[30] *Ibid.*, p. 99.
[31] NIETZSCHE, F. *Fragmentos finais*. Brasília: UnB, 2002. p. 145.
[32] GOMBRICH, 1999, p. 55.

iniciais podem ter sido modificadas e novas funções passaram a existir. Entretanto, ele afirma: é intrigante que algo considerado natural por muitos seja, na verdade, um fenômeno surpreendente, porque é uma característica que atinge toda a humanidade, chegando ao extremo de bilhões de pessoas se dedicarem a ler livros, verem peças de teatro, consumirem filmes, sem que saibamos por que, de fato, procuramos esse tipo de divertimento, relaxamento ou prazer em "irrealidades como se elas fossem a realidade intensificada"[33]. Sejam quais forem as respostas para esses questionamentos – o autor afirma –, o que fica claro é que "o homem anseia por absorver o mundo circundante, integrá-lo a si"[34], além disso "anseia por unir na arte o seu 'Eu' limitado com uma existência humana coletiva e por tornar *social* a sua individualidade"[35].

Entretanto, quais eram as suas "funções"[36], quando apareceu na mente dos primeiros artistas, é um tema de intenso debate. Henry Thomas e colaboradores[37] chamam atenção para as pinturas encontradas nas cavernas de Altamira, na região da Cantábria, na Espanha, onde os/as artistas trabalhavam intensas horas em posições incômodas, mas, apesar de todas essas adversidades, o resultado era de uma "perfeição de formas", "sugestão de vida e movimento". Eles citam a história do Marquês de Sautuola (Don Marcelino Sanz de Sautuola), que em 1879, impressionado pelas amostras de arte que havia visto na *Paris Universal Exhibition* no ano anterior, iniciou uma exploração na costa da Espanha, levando a sua filha, Maria de Sautuola. Ao entrar na caverna, Maria, olhando para o alto, deparou-se com pinturas de paisagens e de várias espécies de animais, incluindo algumas das mais famosas imagens de bisão conhecidas atualmente. Em 1880, ele publicou *Breves apuntes sobre algunos objectos prehistóricos de la provincia de Santander*, descrevendo as ferramentas de pedra, os ornamentos de ossos, os restos de pigmentos e de alimentos que encontrou em Altamira, fazendo uma comparação com o que havia visto na França e situando as pinturas descobertas como sendo do Período Paleolítico (ou seja, de pelo menos 10 mil anos atrás).

---

[33] FISCHER, E. *A necessidade da arte*. 3. ed. Rio de Janeiro: Zahar, 1971. p. 12.

[34] *Ibid.*, p. 13.

[35] *Idem.*

[36] Do ponto de vista evolutivo, devemos ter cuidado ao usar o termo "função". É importante lembrar que um caractere não "aparece" por apresentar determinada função. Naturalmente, nas populações, ocorrem variações que, se forem herdáveis, são transmitidas entre as gerações. No caso de serem características que confiram maior probabilidade de sobrevivência e de reprodução aos indivíduos, elas podem ser selecionadas pela seleção natural, e assim se manterem em maior frequência e chegarem a ser fixadas naquela população. Discutiremos mais sobre esse assunto no próximo capítulo (Darwin e a Evolução).

[37] THOMAS, H.; MARTINS, L.; MENDES, O. *A arte através dos tempos*. Porto Alegre: Editora Globo, 1970.

Entretanto, diversos fatores atrasaram os estudos dessa caverna, entre eles o fato intrigante de que essas manifestações se encontravam em locais de extrema dificuldade de acesso, sem incidência direta de luz do sol, levando à necessidade de utilização de luz artificial. Além disso, o trabalho tão bem elaborado descrito por Sautuola era considerado muito "avançado" para ter sido desenvolvido no Paleolítico, de acordo com o que se imaginava na época sobre como seria a mente humana nesse período. Diversos arqueólogos e outros pesquisadores denunciaram os achados de Altamira como fraudes, que teriam sido forjadas por Sautuola nas suas visitas à caverna.

Figura 1 – Pinturas de diversos animais nas paredes da caverna de Altamira, na Espanha

Fonte: Yvon Fruneau, CC BY-SA 3.0 IGO

Dessa forma, devido à surpresa da sua descoberta, as cavernas de Altamira ficaram esquecidas durante décadas, devido à descrença e incredulidade dos estudiosos da época. Até que, em 1940, em Montignac, Dordonha, na França, quatro crianças que brincavam na região descobriram pinturas semelhantes na caverna de Lascaux. Muitas delas desenvolvidas sob as mesmas características encontradas nas cavernas da Espanha (em locais de difícil acesso, sem entrada de luz natural), também exibiam enorme riqueza de formas, imagens, movimento, representando paisagens, imagens de caçada, e comportamento de diversos animais, como bisões, renas, mamutes, cavalos, javalis, ricamente desenhados e coloridos.

Sobre as possíveis motivações para essas pinturas, e as circunstâncias sob as quais elas foram realizadas, Thomas e seus colaboradores relembram que não há um consenso entre os pesquisadores – alguns afirmam que esses desenhos apresentavam um caráter mágico-religioso, e já que se trata de indivíduos que viviam da caça, o fato de os desenhos encontrados serem quase sempre de animais seria indício de que esses locais onde eram pinta-dos fossem talvez alguma forma de santuários, onde ocorriam cerimônias mágicas, invocando, por exemplo, por abundância de caça, das quais o grupo dependia para a sua sobrevivência. Entretanto, outra possível explicação adotada por alguns pesquisadores seria de que essas obras de arte seriam manifestações "gratuitas, realizadas pelo simples prazer da criação estética: o homem via o animal e depois reproduzia-o no seu abrigo, decorando-o"[38]. Ainda de acordo com esses autores:

> Esses desenhos do homem paleolítico surpreendem pela perfeição dos traços e pela impressão de vida, que revelam. Os animais são sempre desenhados de perfil; a observação do movimento é impressionante; as linhas são extremamente elegantes e marcadas por um espírito de síntese e simplifi-cação que faz lembrar alguns desenhos japoneses, ou a arte de alguns "modernos".
> Depois de ter chegado a esse alto nível artístico, o homem regrediu; durante muitos e muitos milênios, nada fará que de longe se assemelhe às decorações das cavernas paleolíticas da Espanha, da França e da Suíça. A Humanidade evoluía em tudo, menos nas artes.[39] [...]
> Já se disse que a arte paleolítica está emparedada entre dois enigmas: o da sua criação e o da sua morte.[40]

Para além da parte controversa e provocativa dessa afirmação, com essas frases eles demonstram sua admiração diante da riqueza de detalhes das pinturas das referidas cavernas. Quanto à possível "regressão" à qual se referem, é necessário levar em consideração o fato de que aqueles indiví-duos pintavam imagens e situações do seu dia a dia. Eram representações

---

[38] THOMAS *et al.* 1970, p. 4.

[39] *Ibid.*, p. 4-5.

[40] *Ibid.*, p. 80.

simbólicas de suas vivências e experiências, de indivíduos que viviam em contato direto com a paisagem e com o meio natural, percebendo que era desse meio que eles obtinham alimento, abrigo, proteção e todos os elementos envolvidos na sua sobrevivência. Essa ligação íntima com o ambiente em que viviam era fundamental para a construção das representações observadas nas obras de arte dos homens e mulheres do Paleolítico, aliada à singular percepção de mundo e a específicas habilidades artísticas das quais eram dotados alguns dos indivíduos do grupo.

Além disso, como citado pelos referidos autores, não é possível ignorar as circunstâncias em que esses trabalhos foram desenvolvidos. Havia o desconforto e a dificuldade de acesso aos recintos, e o fato de essas cavernas serem abrigo de outros organismos, sejam animais de grande porte, possíveis predadores, ou de menor porte, mas que poderiam representar algum tipo de perigo à saúde ou sobrevivência dos que se arriscavam a adentrar tais lugares para se dedicar às suas atividades de representações simbólicas. Por fim, há ainda outras diversas ameaças que penetrar galerias escuras, apenas com iluminação artificial, podem trazer, como quedas e acidentes. E não podemos deixar de lembrar que esses artistas buscavam tais locais já com uma ideia preconcebida dos seus desenhos, pois tinham que percorrer esses difíceis caminhos dos recintos já portando todos os materiais, as ferramentas e, na sua mente, as imagens que iriam pintar. Eles precisariam já ter ao menos em parte todas essas ideias preconcebidas, já que não seria viável passar pela dificuldade de entrar e sair todo tempo desses locais para buscar novos materiais ou ferramentas esquecidas, por exemplo.

Nessa mesma obra, os escritores defendem que uma das mais antigas manifestações artísticas teria sido o teatro. Afirmam que como todas as artes, esse teria se originado da magia imitativa; entretanto, os atores não simplesmente representariam, mas na verdade viviam: para atrair a caça, o caçador se metamorfoseava no animal que desejava caçar, imitando o seu comportamento, atitudes, andar, sons emitidos. Eles recorreriam a improvisos de danças propiciatórias e pantomimas dramáticas; e então, dessa forma, o teatro, a música e a dança teriam tido uma origem comum, o que seria evidenciado pelo que eles chamam de "mais antiga cena dramática de que temos notícia"[41], que são pinturas rupestres do Paleolítico Superior[42], representando dançarinos com o rosto coberto por máscaras com traços de animais.

---

[41] THOMAS *et al.*, 1970, p. 251.

[42] É muito provável que as atuações, encenações, danças e rituais tenham aparecido bem antes do Paleolítico Superior, e anteriormente às pinturas e inscrições rupestres. Entretanto, essas últimas são registros mais fáceis de serem preservados e posteriormente encontrados.

Outra ideia defendida por tais autores é a de que, nesse caso, por meio da máscara, é fixado na dança o conteúdo representativo que vai se organizar como o drama. E seria uma questão de antecipar um acontecimento que se deseja que aconteça. O ritual mágico-imitativo seria uma "evolução", que não se limita a antecipar os fatos, mas sim a uma representação que evoca o passado, relembra os ancestrais da tribo, reconstruindo os seus costumes, as suas danças, a sua linguagem, se tornando, pois, o teatro, "no verdadeiro sentido da palavra"[43]. Essa é uma interessante teoria, porque sugere que o caráter religioso aparece apenas mais tardiamente, e, portanto, a obra de arte não está intrinsecamente relacionada a manifestações religiosas já desde a sua origem. Os referidos autores também afirmam que, posteriormente, a magia animista se desenvolve em religião quando o fenômeno da morte, que interessa e impressiona cada vez mais os humanos, permite a percepção e noção do tempo, e das gerações que os precederam. Essa ligação com os ancestrais lhes teria dado a impressão de um mundo que é povoado também pela alma dos mortos, e para lhes agradar sacrifícios e danças são oferecidos, aliados ao canto e à música. A ideia da existência da alma teria levado à ideia da existência de deuses, com a sociedade organizando-se de acordo com essa percepção de mundo. Os chefes de clã e as primeiras hierarquias teriam aparecido aí, com o feiticeiro, que antes usava as máscaras de outros animais, e agora é um sacerdote, que invoca os ancestrais e se destaca do coro para representar o primeiro papel nas cerimônias dos cultos dos mortos e nos rituais dos deuses.

De fato, não necessariamente as primeiras manifestações de arte surgiram com algum tipo de relação direta com a religiosidade, mas sim como uma forma de expressão da mente humana moderna, numa tentativa dos indivíduos de representarem sua percepção sobre si mesmos, suas organizações sociais e o ambiente do qual faziam parte.

Ainda precisamos de muitas evidências para entender melhor qual o papel da arte nos primeiros grupos humanos modernos e como o desenvolvimento da percepção simbólica se transformou em uma das características mais marcantes da nossa espécie. Entretanto, para esse tipo de estudo, assim como em qualquer outro sobre evolução biológica, é importante não cairmos no erro de partir de uma ideia de finalidade ao discutirmos a ocorrência de uma característica nas populações. Como explicado, o que ocorre é que a variabilidade genética surge por meio de mutações, e ao longo do tempo permanecem nas populações, em maior frequência, aque-

---

[43] THOMAS *et al.*, 1970, p. 252.

les caracteres que têm maior valor adaptativo, conferindo aos indivíduos maiores chances de sobrevivência. No caso de ser uma característica que confira uma vantagem adaptativa bastante acentuada em relação às demais, ela pode acabar passando por forte seleção, chegando a ser fixada, ou seja, ser bastante difundida, aparecendo em enorme frequência dentro daquela população. Sendo assim, ao estudar a fixação de determinados caracteres em uma população natural, a pergunta não deve ser "por quê", nem "para quê", mas sim *como* esse processo ocorreu ao longo do tempo.

3

DARWIN E A EVOLUÇÃO

Nada em biologia faz sentido exceto à luz da evolução.
(Theodosius Dobzhansky, 1973)

A ideia de evolução das espécies foi proposta de forma independente por vários pesquisadores durante os séculos XVIII e XIX. Entre esses pesquisadores estavam o médico Erasmus Darwin, os naturalistas Conde de Buffon (Georges-Louis Leclerc) e Jean-Baptiste Lamarck (Jean-Baptiste Pierre Antoine de Monet) e mais tarde o escritor Robert Chambers, com seu livro polêmico e popular na época em que foi lançado (*"The Vestiges of the Natural History of Creation"*, publicado em 1844).

Entretanto, em sua obra "A Origem das Espécies"[44], Charles Darwin tenta completar o que ele percebia como incompleto quanto às discussões sobre evolução. Por exemplo, Buffon não teria abordado a fundo as causas e os meios envolvidos na "transformação"[45] das espécies, além de ter apresentado diversas variações nas suas explicações ao longo de suas obras. Erasmus Darwin, seu avô, tinha escrito Zoonomia ou as Leis da Vida Orgânica (1794-1796), um ensaio em que já defendia a evolução progressiva das espécies, além de outras ideias que chegaram a preceder Lamarck. Mas foi Lamarck a primeira pessoa que chamou atenção para determinadas explicações sobre o assunto. Ele estendeu em 1809, em *Philoshopie Zoologique*, e em 1815, em *Histoire Naturelle des Animaux sans Vertèbres*, o que havia publicado inicialmente em 1801: todas as espécies descendem de outras, inclusive a espécie humana. Entretanto, havia um importante equívoco em suas explicações, pois ele acreditava que as linhagens de espécies persistiam indefinidamente, não se ramificando nem se extinguindo: as espécies apenas mudariam de uma forma para outra (o chamado "transformismo").

A ideia de seleção natural também é anterior a Charles Darwin. O médico escocês W. C. Wells, em 1813, a utilizou como explicação para a variabilidade das populações humanas de diferentes continentes, quanto à aparência física e

---

[44] Primeira publicação em 1859, com o título original *On The Origin of Species By Means of Natural Selection*.

[45] Nessa época, a teoria evolutiva, ainda em construção, era chamada de "transformista", em que as espécies iam se modificando em resposta a variações do ambiente.

à resistência a doenças, em seu artigo Relato do Caso de uma Mulher Branca cuja Pele Apresenta Semelhança Parcial com a de um Negro. Pela primeira vez foi reconhecido claramente o princípio da Seleção Natural, porém o autor aplica apenas à espécie humana e quanto a determinadas características. Em 1831, o naturalista também escocês Patrick Matthew dissertou sobre essa ideia em um tratado sobre árvores cultivadas para posterior construção de navios (Madeira de Construção Naval e Arboricultura[46]).

Dessa forma, apesar de os princípios da evolução e da seleção natural já serem esboçados e até mesmo discutidos por outros pesquisadores, eles estavam dispersos em obras de diversas áreas. Charles Robert Darwin reuniu e fez conexões entre essas informações, o que permitiu mais tarde que a comunidade científica compreendesse a importância dessas conclusões. Um aspecto fundamental dos seus trabalhos foi reunir e discutir evidências detalhadas de diversos campos da biologia, indicando que todas as espécies, viventes e fósseis, são originadas de *descendência com modificações*, partindo de um ancestral comum. Em uma obra posterior, "A Origem do Homem e a Seleção Sexual", publicada pela primeira vez em 1871, o autor admite que um dos seus objetivos principais foi o de demonstrar que "as espécies não haviam sido criadas separadamente" – contrário disso, todas compartilhavam uma descendência comum[47]. Ao mesmo tempo que Darwin conduzia seus escritos, de forma independente outro naturalista também escrevia sobre as ideias que seriam batizadas de seleção natural: Alfred Russel Wallace dissertava sobre esse tema em seu trabalho "Sobre a Tendência das Variedades a Afastarem-se Indefinidamente do Tipo Original"[48]. Foi o recebimento de seu manuscrito que estimulou Darwin a tornar pública a sua ideia, sendo os artigos de ambos, em conjunto, lidos diante da Sociedade Lineana de Londres, em 1858; e, no ano seguinte, o livro "A Origem das Espécies" foi publicado pela primeira vez.

Sendo assim, compilando e conectando diversas ideias apresentadas por outros autores anteriormente, e mesmo que ainda apresentando algumas explicações incompletas, "A Origem das Espécies" foi uma obra inovadora, que levou a um dos mais importantes paradigmas da Biologia Moderna: o que afirma que a evolução dos seres vivos ocorre, principalmente, por ação da seleção natural, que age sobre variantes existentes nas populações. Entretanto, apesar de a descendência com modificações ter sido aceita pela comunidade científica, a explicação de seleção natural como mecanismo da evolução adaptativa recebeu grande resistência por diversas razões. Uma

---

[46] Do original On Naval Timber and Arboriculture.

[47] DARWIN, C. A origem do homem e a seleção sexual. Curitiba: Hemus, 2002. p. 104.

[48] Do original On the Tendency of Varieties to Depart Indefinitely from the Original Type.

delas foi o fato de a seleção natural depender de variação genética, o que não era explicado de forma satisfatória por Darwin em sua obra. Apenas mais tarde, em 1900, quando os trabalhos de Mendel, até então desconhecidos, foram finalmente redescobertos, pode-se entender os mecanismos da hereditariedade e as bases genéticas da seleção natural, com o posterior desenvolvimento da genética de populações nos 30 anos seguintes.

A compreensão da herança genética mendeliana foi fundamental para a aceitação da teoria da evolução por seleção natural. Até então, quase todas as teorias de hereditariedade eram teorias de mistura, e por isso eram insatisfatórias para explicar a teoria de Darwin, já que, seguindo essa lógica, quando os tipos extremos se acasalam, seus vários genes se misturam e passam a ser encontrados em uma forma geral média. Além disso, genes potencialmente favoráveis seriam diluídos geração após geração, antes de se estabelecerem. Em contrapartida, a hereditariedade mendeliana associada à seleção natural apresenta uma consistente explicação, pois os genes mendelianos são preservados ao longo do tempo: tipos genéticos extremos, ainda que "escondidos" em heterozigotos, são transmitidos de uma geração para outra.

3.1. A SÍNTESE MODERNA

Por volta da década de 1930, de forma independente, os geneticistas R. A. Fisher, J. B. S. Haldane e Sewall Wright escreveram suas obras de síntese, trabalhos clássicos em genética de populações, demonstrando que a seleção natural poderia atuar sobre os tipos de variações encontradas nas populações naturais e de acordo com as leis mendelianas. Após esses trabalhos, estabeleceu-se o que ficou conhecido como Síntese Moderna ou Teoria Sintética da Evolução, por causa do livro de 1942, *Evolution: The Modern Synthesis*, de Julian Huxley[49]. A Síntese Moderna ou Teoria Sintética conseguiu reunir essas duas principais discussões sobre a origem da variação genética e a seleção atuante sobre ela. Dessa forma, a Teoria da Evolução por Seleção Natural finalmente passou a ter uma base convincente, com uma teoria de hereditariedade bem explicada e aceita.

Para muitas pessoas e durante um longo tempo, o termo "seleção" teve um significado teleológico, e por isso outros termos passaram equivocadamente a ser utilizados, tais como "memória seletiva" e "sobrevivência do mais apto". Sobre isso, Mayr escreve:

---

[49] Há de se salientar a contribuição de Vladimir A. Kostitzin, matemático russo, que também se dedicou a criar modelos quantitativos evolutivos. Entretanto, diferentemente dos demais teóricos da síntese evolutiva, ele partiu do ponto de vista da Ecologia, e não da Genética. Infelizmente, suas obras, ainda hoje, seguem ignoradas. Para mais informações sobre os trabalhos de Kostitzin e sobre a Síntese Moderna, recomendamos a leitura de Araújo (2007).

> Não há uma força seletiva particular na natureza, nem um agente seletivo definido. Há muitas causas possíveis para o sucesso de poucos sobreviventes. Alguma sobrevivência é devido a sucessos estocásticos, isto é, a pura sorte. A maior parte, entretanto, é devido ao trabalho superior da fisiologia do indivíduo sobrevivente, que permite enfrentar as vicissitudes do ambiente melhor do que os outros membros da população. [50]

A Teoria da Evolução é considerada por muitos autores como a teoria que unifica as diversas áreas da Biologia. Com esse novo paradigma, desenvolveu-se a Biologia Evolutiva, adotando em todos os seus ramos uma abordagem basicamente evolutiva, levada ao extremo na seguinte frase do geneticista Theodosius Dobzhansky: "Nada em biologia faz sentido exceto à luz da evolução"[51]. Sendo assim, mesmo as questões comportamentais das espécies, incluindo até mesmo questões tão abstratas como a cultura e a arte, partiriam de componentes evolutivas na sua origem e desenvolvimento. A capacidade simbólica e os comportamentos culturais e artísticos apresentariam algum tipo de vantagem adaptativa que permitiria que eles fossem selecionados e fixados nas diversas populações humanas, chegando a toda a nossa espécie, em todos os locais do globo.

Evidentemente, neste livro, estamos simplificando, para fins didáticos, o tema evolução. Os avanços de novas técnicas em diversas áreas da Biologia, entre elas a Genética Molecular, têm trazido novas evidências e discussões. Sabemos que nem toda variabilidade é seletiva e há outros processos biológicos que podem alterar as frequências gênicas nas populações entre as gerações. Esses processos são cinco, chamados de "fatores evolutivos", e vão apresentar maior ou menor influência, e combinados de formas diferentes, de acordo com a história evolutiva das espécies. São eles[52]:

I. Mutação Gênica – envolve alteração na estrutura do material genético dos organismos. É a única fonte primária de variabilidade genética.

II. Deriva Genética – evento que ocorre ao acaso, é também chamado por alguns autores de "erro amostral", no sentido de serem frequências gênicas que podem ser alteradas entre uma geração e outra por

---

[50] MAYR, E. *Uma ampla discussão*: Charles Darwin e a gênese do pensamento evolutivo moderno. Ribeirão Preto: Funpec, 2006. p. 86-87.

[51] DOBZHANSKY T. Nothing in biology makes sense except in the light of evolution. *American Biology Teacher*, v. 35, p. 125-129, 1973.

[52] Como explicado, aqui estamos apresentando pontos-chave relacionados à evolução, mas de forma simplificada. Para aprofundamento do tema, recomendamos a leitura de algumas obras, como Freeman & Herron (2009) e outras referências indicadas ao final do capítulo.

questões aleatórias. Por exemplo, se ocorrer um evento catastrófico, como uma erupção vulcânica, que atinja uma parte da população, a próxima geração terá o patrimônio genético dos indivíduos que naquele momento estavam mais distantes da atividade vulcânica e conseguiram sobreviver. Essa representação nas gerações posteriores não necessariamente é semelhante em variabilidade ou em frequência gênica ao que se encontrava nas gerações anteriores.

III. Padrões de Cruzamento – os cruzamentos podem ocorrer ao acaso ou de forma preferencial. Alguns padrões de cruzamento podem aumentar a frequência de determinados genótipos relacionados a certos fenótipos "extremos", que ficam mais suscetíveis à ação da seleção natural. Por exemplo, o cruzamento entre indivíduos aparentados (chamado de "cruzamento endogâmico") e, portanto, com ancestrais comuns bastante próximos, pode levar ao aumento do aparecimento de características recessivas na população. Isso porque indivíduos aparentados tendem a ter material genético mais semelhante, incluindo aqueles que codificam para cor de olhos, altura, maior susceptibilidade a algumas doenças, e probabilidade de ocorrerem malformações congênitas na prole. Se uma população se torna altamente endogâmica, pode ocorrer uma tendência à homogeneização, ou seja, com um conjunto de variabilidade genética mais restrito, já que todos os indivíduos são bastante semelhantes. Isso pode trazer sérios problemas caso haja uma alteração ambiental, com novas exigências e pressões seletivas, já que o repertório da população será menor, dificultando sua resposta adaptativa às novas características ambientais.

IV. Migração – movimentação de indivíduos, chegando e saindo de populações diferentes da sua fonte original. É um fator bastante importante, porque dessa forma os novos indivíduos que chegam podem introduzir novidades no material genético populacional, já que, em cada espécie, cada uma das suas populações, vivendo em locais diferentes, passa por pressões ambientais e histórias evolutivas diferentes. Sendo assim, é grande a probabilidade de cada população ter diferenças genéticas (variabilidade) uma em relação à outra.

V. Seleção Natural – dos fatores evolutivos, é o único que não ocorre ao acaso, mas sim em resposta às específicas pressões ambientais. A Seleção Natural é, portanto, a força responsável pela adaptação das populações ao ambiente, por meio de seleção das características mais efetivas.

QUADRO 1. O EFEITO CARONA

Há um processo também bastante importante chamado de "efeito carona". Nos livros de evolução, é recorrente um exemplo de seleção artificial conduzido em um estudo a partir do final da década de 50 por Dmitry K. Belyaev, geneticista do Departamento Siberiano da Academia Soviética de Ciências, em Novosibirsk, na Sibéria. O experimento da equipe de Belyaev envolveu 30 machos e 100 fêmeas de *Vulpes vulpes*, espécie conhecida popularmente como raposa prateada do Ártico. Desde o início do século XX, linhagens desses indivíduos eram mantidas em cativeiro, com o objetivo de selecioná-las para redução de agressividade. A cada geração era escolhida uma porcentagem de machos e fêmeas entre os mais dóceis para acasalar, dando origem às próximas gerações. Após um total de 35 gerações de raposas, em um experimento bastante controlado que durou 40 anos, como resultado foram obtidos descendentes bem menos agressivos, descritos como semelhantes ao comportamento de raças de cachorros bastante mansas. Um fator muito interessante é que, apesar de o critério dos cruzamentos ter sido os padrões de comportamento menos agressivos dos animais, diversos caracteres morfológicos também apresentaram acentuadas alterações. O geneticista Fábio de Melo Sene descreve essas alterações:

> Após 35 gerações, as raposas selecionadas para serem menos agressivas, além de mansidão passaram a apresentar clareamento geral da pelagem para um cinza mais claro; despigmentação nas extremidades do corpo com a pelagem tendo ficado branca na extremidade da cauda e das patas e, surpreendentemente, surgiu uma mancha branca na cabeça, entre as orelhas e os olhos, que é típica de animais domésticos (popularmente chamado de estrela quando aparece em cavalos ou bois), a cauda se tornou curva e levantada e passou a ser abanada na presença do tratador; as orelhas se abaixaram; as pernas diminuíram de tamanho; as gengivas ficaram rosadas. [...] O fato da seleção para comportamento manso ter provocado também alterações morfológicas é um exemplo da complexidade genética do desenvolvimento dos organismos e do resultado do efeito carona[53].

Sendo assim, caracteres como manchas brancas e gengivas rosadas já faziam parte da variação genética existente, mas não se manifestavam nas populações naturais. Ao haver a seleção de um caráter, outros que estão

---

[53] SENE, F.M. *Cada caso, um caso... puro acaso*: os processos evolução biológica dos seres vivos. Ribeirão Preto: Sociedade Brasileira de Genética, 2009.

ligados a ele, mas não necessariamente são alvo da seleção, acabam por ser selecionados também, ainda que por "acidente", já que eles podem até mesmo não ser tão bem adaptados ao ambiente em que vivem os indivíduos dessa população.

Figura 2 – Experimento liderado por D. K. Belyaev, com raposas da espécie *Vulpes vulpes*, mostrando as mudanças que podem ocorrer após dezenas de gerações serem selecionadas para redução de agressividade. Nas imagens podemos notar essas alterações após mais de 30 gerações de seleção artificial, entre elas um padrão de pelos bem mais claros, com manchas brancas

Fonte: es.furopedia.wikia.com; Domínio Público

3.2. A EXPANSÃO DA SÍNTESE

Nas últimas décadas, acirraram-se as discussões sobre uma reformulação da Síntese Moderna, com uma proposta conhecida como Síntese Evolutiva Estendida. Uma das principais obras que apresenta e discute essa proposta é o livro Evolução em Quatro Dimensões – DNA, Comportamento e a História da Vida, da geneticista Eva Jablonka e da bióloga do desenvolvimento Marion Lamb.

Um ponto central e óbvio da Evolução é que uma característica só tem significado evolutivo se puder ser transmitida hereditariamente. O que os defensores da chamada "Síntese Estendida" propõem é uma extensão da definição de herança como sendo "qualquer processo de transmissão e aquisição socialmente mediado que resulte na reconstrução dos comportamentos ou das preferências de um ancestral nos descendentes"[54]. Combatendo o que chamam de "genecentrismo", eles propõem o estudo da evolução sob uma chamada "perspectiva em quatro dimensões". Ou seja, seriam quatro os possíveis sistemas de hereditariedade:

1. Sistema genético – a transmissão da informação é vertical, pois ocorre entre os pais e a progênie. Está contido na definição mais "clássica" de Evolução por Seleção Natural, que aponta que, para ocorrer o processo de seleção em uma população, são necessários três pré-requisitos básicos:

    I. Deve existir *variação* dentro dessa população. Os indivíduos não são, portanto, todos iguais;

    II. Deve ocorrer *reprodução diferencial*, com os indivíduos que têm a variação mais adaptada àquelas condições ambientais tendo mais chances de sobreviver e deixar mais descendentes que os indivíduos que não a têm;

    III. A variação deve ser *herdável*, ou seja, ter uma base genética que permita que a característica seja transmitida para as gerações seguintes.

2. Sistema epigenético – também apresenta transmissão do tipo vertical. Ocorre envolvendo uma forte interação entre o DNA e o ambiente, uma vez que considera os fatores ambientais que podem alterar a expressão dos genes. Por exemplo, condições de estresse (tais como dificuldades de obtenção de alimento, escassez de água ou outras condições adversas do ambiente) podem induzir alterações hormonais nos indivíduos. Essas alterações podem levar a uma cadeia de eventos que favorecem um aumento no número de

---

[54] JABLONKA, E.; LAMB, M. *Evolução em quatro dimensões*: DNA, comportamento e a história da vida. São Paulo: Companhia das Letras, 2010.

mutações nos organismos, ou passar a expor variações genéticas já existentes, mas que se encontravam silenciadas, e que agora são expressas e expostas como novos fenótipos, disponíveis para o trabalho da seleção natural.

Algumas dessas modificações epigenéticas são hereditárias, justamente por envolverem as variações genéticas anteriormente existentes nos indivíduos da população, mas que se encontravam silenciadas, por não decodificarem os fenótipos mais adequados para as características do ambiente até o momento. Com tais alterações no meio, esses fenótipos passam então a ser bastante adaptativos, conferindo mais chances de sobrevivência aos indivíduos, e podendo ser herdados pelas próximas gerações. É importante ressaltar que, apesar de algumas leituras polêmicas de certas obras, não se trata de uma visão lamarckista de caracteres adquiridos. Porque, na verdade, como discutido, envolve uma variação *já existente* entre os indivíduos. Entretanto, até tal situação de estresse ou alguma outra modificação no ambiente, ela estava oculta.

De fato, o termo "epigenética" (*epi*, termo grego para "sobre" ou "por cima") foi cunhado pelo biólogo Conrad Waddington, em 1942, referindo-se à ideia de que as condições ambientais relacionadas à vida do organismo podem influenciar a expressão dos seus genes, levando a mudanças no fenótipo (ou efeitos fenotípicos, como utilizado por alguns autores) que podem ser herdáveis. Ou seja, são influências externas ao próprio organismo, que não alteram diretamente o DNA, mas sim a expressão gênica, por meio de uma série de fatores possíveis[55].

Sendo assim, os mecanismos epigenéticos causam alterações no padrão de desligamento ou ativação dos genes, por conta da interação com fatores ambientais. Pesquisas recentes buscam elucidar as relações existentes entre tais fatores e predisposição genética a tais influências, como dieta materna durante a gravidez ou situações de forte estresse ou traumáticas durante o desenvolvimento, levando a uma vulnerabilidade às doenças como resultado dessa interação gene-ambiente. No caso referido dos experimentos com as raposas de Belyaev, selecionadas para mansidão, além do efeito carona, os pesquisadores da Síntese Estendida acrescentam que as alterações inesperadas nas características físicas podem ter ocorrido por conta de respostas hormonais. Essas teriam sido desencadeadas nos animais vivendo sob o

---

[55] Neste livro não nos aprofundaremos na discussão desses meios possíveis, mas indicaremos a leitura de alguns trabalhos ao final do capítulo.

experimento, que acabaram por induzir a manifestação de genes que talvez estivessem inativos até então, e que agora possibilitaram a exibição de novos fenótipos.

Ocorrendo casos semelhantes no ambiente natural, pode ser que "Por meio da seleção natural, aquilo que era originalmente um efeito colateral acidental pode ser convertido em uma rota mais certeira de transmissão de informação"[56].

3. Sistema de Herança Comportamental – ocorreria por meio de aprendizado social ou "aprendizado socialmente mediado"[57].

Determinados comportamentos conferem certas vantagens aos indivíduos que os exibem, resultando em reprodução e sobrevivência diferencial. Esses comportamentos seriam passados adiante, de geração em geração, não necessariamente apenas entre a prole daqueles que iniciaram a sua utilização, mas também entre aqueles indivíduos do grupo que, ao observar tais procedimentos, acabam repetindo-os e obtendo os efeitos vantajosos em si e na sua prole. A grande vantagem é que é muito mais eficiente aprender não "do zero", mas sim a partir do ponto que outros mais experientes já desenvolveram, sem ter que passar pelos mesmos erros, por exemplo. Ainda mais se esses erros podem colocar o indivíduo jovem e inexperiente em perigo, como se alimentar de outra espécie animal ou de plantas que tenham efeito nocivo para o organismo.

Quando se trata de espécies com hábitos bastante sociais, como no caso dos grandes primatas[58], tal aprendizado pode se dar, de forma mais fácil, por observação, já que os jovens do grupo costumam observar e repetir o comportamento dos mais velhos, perto dos quais eles costumam estar constantemente. Nas espécies de grandes primatas, como chimpanzés e bonobos[59], o cuidado parental é bastante acentuado, e ocorre durante vários anos de desenvolvimento do indivíduo jovem. Esses ficam sempre próximos dos adultos, recebendo constantemente os seus cuidados, e assim têm a oportunidade de observar os seus hábitos e aprender com eles padrões de obtenção de alimentos, de utilização dos recursos do ambiente e de interação social. Além da oportunidade de aprender comportamentos que sozinhos

---

[56] JABLONKA; LAMB, 2010, p. 387.

[57] JABLONKA; LAMB, 2010, p. 193.

[58] Mais detalhes sobre esse grupo serão apresentados no próximo capítulo, *O comportamento social dos grandes primatas*.

[59] Respectivamente: *Pan troglodytes*, popularmente chamado de "chimpanzé" ou "chimpanzé-comum"; e *Pan paniscus*, bonobo ou chimpanzé-pigmeu.

talvez não tivessem a ideia de desenvolver. O comportamento pode ser simplesmente repetido, ou ajustado, ou modificado conforme as necessidades das próximas gerações, que podem inclusive ir adicionando unidades de comportamento, modificando aquele inicialmente aprendido, e passando já com essas modificações para as gerações posteriores. É importante ressaltar que as alterações não ocorrem o tempo inteiro porque, como dizem as autoras, há uma tendência à "inércia nos sistemas comportamentais", já que o "aprendizado social é inerentemente conservador"[60], restringindo-se à observação e repetição na maioria das espécies.

Quando os hábitos e ações das populações acabam por causar grandes modificações no ambiente, tais modificações podem trazer novas exigências relacionadas aos indivíduos. É o caso dos grupos humanos modernos, em que essa relação é tão acentuada que o processo evolutivo chega a incluir uma coevolução entre genes e cultura. De acordo com essa teoria, a extensão das mudanças ambientais provocadas pelos seus hábitos culturais é tão grande que pode haver seleção de novas variações genéticas. Seria uma evolução "por meio da retenção e da transmissão seletivas de padrões variantes de comportamento adquirido. Por meio da seleção natural, sua cultura mudou"[61].

De acordo com Jablonka e Lamb: "Essa transmissão envolve uma complexa combinação de signos vocais, visuais, táteis e olfativos. Quando transmitidos através das gerações, esses signos animais podem formar uma cultura. [62]

Entretanto, as próprias autoras lembram que uma cultura formada por símbolos só ocorre na espécie humana.

Um ponto que chama a atenção é que entre os autores da Síntese Estendida alguns assumem a possibilidade de que certas ocorrências sejam independentes de variação genética. Essa ideia é bastante problemática, já que para que uma característica esteja presente e possa se manter na população, ela precisa ter uma ocorrência prévia, para que possa, então, ser "trabalhada" pelos fatores evolutivos. Essa ocorrência prévia está relacionada justamente às variações encontradas nos genes, que são selecionados de acordo com as condições do ambiente no qual a população se encontra. Portanto, terão importância evolutiva aquelas variações que tiverem, sim, alguma componente genética, e de tal forma possam ser passadas adiante, por meio da hereditariedade.

---

[60] JABLONKA; LAMB, 2010, p. 216, ambas as frases.

[61] JABLONKA; LAMB, 2010, p. 191.

[62] *Ibid.*, p. 241.

4. Sistema de Herança Simbólico – entre as espécies atuais, ocorre apenas em humanos, sendo um sistema que forneceria " uma quarta dimensão à hereditariedade e à evolução"[63]. Os símbolos são organizados não apenas de forma a comunicar ou informar situações que realmente aconteceram ou acontecem. É possível ir além, e combiná-los de forma metafórica, e até mesmo em uma realidade *ficcional*, imaginada, expondo as ideias criativas de uma mente moderna. É um sistema de transmissão ativo, necessitando gasto energético, insistência e treino para ser passado adiante (para a prole ou outros indivíduos do grupo, até mesmo fora do grupo de parentesco direto), por exemplo no ensino da linguagem e da leitura. Por esse motivo, é necessário que seja compreendido pelos indivíduos como sendo de extrema importância ou serventia, para que apliquem tal empenho nesse ensino. Ou, no caso da arte, que seja de extrema necessidade entre os indivíduos, quase como um impulso.

Imprescindível para a transmissão eficiente de informação na nossa espécie é a linguagem. Jablonka e Lamb lembram que

> Uma propriedade correlata e importante da linguagem é que, mesmo que uma palavra nunca tenha sido ouvida ou vista antes, as palavras já conhecidas e a estrutura gramatical nas quais a palavra desconhecida se insere dão uma boa pista sobre o que a palavra desconhecida pode querer dizer.[64]

Isso é o que permite que a comunicação seja quase sempre bastante eficiente. Mesmo em situações em que um dos interlocutores não tenha toda a bagagem gramatical, por exemplo, dos demais, ainda assim é possível utilizar palavras e regras conhecidas para elucidar o que é desconhecido na mensagem. Ou seja, é possível utilizar símbolos para explicar outros símbolos durante uma comunicação entre indivíduos, especialmente quando se envolve a utilização de linguagem, que é composta de um conjunto geralmente diverso, porém organizado e sistematizado de sons, gestos e sinais gráficos.

Essa possibilidade de realmente termos quatro sistemas de hereditariedade ainda está em bastante discussão. Vários pontos ainda estão sendo debatidos, e nem todos são bem aceitos. Mesmo quanto à genética

---

[63] *Ibid.*, p. 228.

[64] JABLONKA; LAMB, 2010, p. 235.

e à epigenética, ainda temos muito o que compreender. Entretanto, ainda que a crítica à perspectiva gene-centrada[65], com o ápice no "genecentrismo", um dia se mostre correta, não se pode negar que os genes são o material central de trabalho para a evolução. Por meio dos genes preexistentes nos indivíduos é que os processos evolutivos agem, inclusive selecionando-os e podendo fixá-los nas populações ao longo do tempo.

O fenótipo é a aparência, morfologia, características físicas, aparentes, do indivíduo, sendo resultado da interação do seu genótipo com o ambiente. Por exemplo, um indivíduo da nossa espécie pode ter em seu genótipo instruções que lhe possibilitem alcançar uma altura de até 1,80m quando na idade adulta. Entretanto, a depender do ambiente em que passar a infância, ele pode nunca chegar a tal estatura. Caso, por exemplo, enfrente escassez de alimentos durante a infância, ou seja, parasitado durante suas décadas iniciais de vida por organismos que lhe retirem boa parte dos nutrientes que adquirir ao longo do seu crescimento, esse indivíduo pode ter seu desenvolvimento comprometido. E apesar de seu genótipo apresentar um conjunto de informações relacionados à sua estatura e peso, o seu fenótipo será diferente daquele manifestado caso ele vivesse sob outras condições ambientais – por exemplo, se crescesse em um ambiente com alimentação, tratamento sanitário e de saúde adequado.

Sendo assim, as condições genéticas para uma ou outra condição fenotípica já estavam presentes. O que acontece é que a manifestação ocorre de acordo com o cenário em que se dá o desenvolvimento do indivíduo. Quando dizemos, por exemplo, que uma população humana em algum lugar do mundo está "aumentando a sua estatura" ou que uma porcentagem maior dos seus indivíduos passou a apresentar massa corporal maior que as gerações anteriores, na verdade devemos notar que essa maior estatura e massa *não são caracteres adquiridos* por conta dos hábitos de vida das atuais gerações. É importante compreender que a potencialidade genética para isso ocorrer já estava presente, já havia alelos relacionados a maiores altura e armazenamento de energia. A partir do momento que os indivíduos passam a viver em condições alimentares, de saúde, e, no caso de populações humanas, condições culturais e de hábitos diferentes das gerações anteriores, esses caracteres, herdados de seus pais por serem genéticos, passam a se manifestar.

---

[65] Para mais discussões e explicações sobre as problemáticas desse tema, recomendamos a leitura de: REIS, C.; ARAÚJO, L. A Natureza das Mudanças na Biologia Evolutiva Contemporânea: Síntese Evolutiva Estendida? *Dissertatio*, v. 50, p. 133-150, 2019.

Nos indivíduos humanos, também são informações preexistentes no seu genótipo que levam ao desenvolvimento de certas características específicas do sistema nervoso, que conduzem à produção de manifestações simbólicas e artísticas. Ou à sua apreciação, associando-as à sensação de prazer, satisfação ou saciedade, por exemplo. A construção evolutiva de tais características é o que tentaremos discutir nos capítulos seguintes.

Quanto à teoria evolutiva como conhecemos hoje, é importante salientar, portanto, que não tem um único ou única criador. Como tentamos demonstrar, suas características foram sintetizadas algumas vezes ao longo dos três últimos séculos, ficando fortemente ligadas aos pesquisadores que o fizeram. Entretanto, ela está em constante construção, com novas evidências sendo observadas à medida que novas técnicas de pesquisa e novos estudos das mais diversas áreas científicas são desenvolvidos. Tais descobertas vão sendo somadas, tentando nos ajudar a entender a diversidade biológica que nos cerca e como essa diversidade se desenvolveu e se desenvolve ao longo do tempo.

QUADRO 2. UMA BREVE DISCUSSÃO SOBRE A ORIGEM E A EVOLUÇÃO HUMANA

A partir da década de 1960, aumentou bastante o número de fósseis de hominínios, que foram sendo descobertos e estudados por pesquisadores em sítios na África, nosso continente de origem. Algumas dessas descobertas foram realizadas pela famosa família Leakey, que desde a década de 1930 escava esses sítios. Com a popularização desse tema, foram retomados também fósseis de antigas coleções, inclusive particulares, que anteriormente eram interpretados como sendo da linhagem de outros primatas e a partir de então passaram a ser devidamente descritos como parte da nossa linhagem. Unindo as descobertas paleontológicas aos estudos do comportamento, anatomia e fisiologia dos primatas atuais, inclusive *Homo sapiens* e chimpanzés, os nossos parentes mais próximos, diversos autores apontam que a evolução da nossa linhagem deve ter seguido a seguinte ordem:

1. fixação da bipedia, com adaptações anatômicas permitindo uma movimentação bípede estruturada;

2. fabricação sistemática de ferramentas líticas, que foram aumentando em frequência de utilização e, posteriormente, em variação de tipos, propiciando maior obtenção de alimentos e um consumo mais expressivo de proteína animal;

3. desenvolvimento de um cérebro de maior tamanho e mais complexo em sua estrutura, possibilitado pelo consumo de alimentos de forma mais eficiente e de maiores fontes de energia, a ponto de custear um órgão com tão alta demanda energética, como é o cérebro;

4. fixação da capacidade simbólica, por meio das alterações no cérebro, levando a uma mudança no comportamento, com desenvolvimento da capacidade criativa (o que inclui as capacidades artística e tecnológica);

5. dispersão e ocupação de todo o planeta, por conta de tais mudanças comportamentais que permitiram transformações no ambiente para enfrentar as adversidades.

Entre todos os primatas, apenas os humanos apresentam uma locomoção ereta-vertical estrita ou obrigatória. Por isso a bipedia estruturada é considerada um dos marcadores exclusivos da nossa linhagem evolutiva. Estima-se que os primeiros hominínios tenham surgido entre sete e oito milhões de anos, com a separação da nossa linhagem da dos chimpanzés. Descoberto no Chade (região da África Central), no ano 2001, *Sahelanthropus tchadensis* é considerado o mais antigo possível bípede já registrado, apesar de haver bastante controvérsia, pelo fato de o crânio encontrado apresentar uma deformação que não permite uma noção exata de onde ficava o forame magno do indivíduo, o que indicaria a posição da sua coluna vertebral e se *S. tchadensis* seria realmente bípede. A tabela 1 apresenta as principais espécies encontradas na linhagem hominínia.

Tabela 1 – Espécies relacionadas à nossa linhagem hominínia, apresentando as suas datações, capacidade craniana e algumas das principais localidades em que os fósseis foram encontrados

Espécie	Datação mais antiga (em milhões de anos antes do presente)	Capacidade craniana aproximada (em cm³)	Principais locais em que os fósseis foram encontrados
Sahelanthropus tchadensis	7,0	Entre 360 e 370	Chade
Orrorin tugenensis	6,0	?	Tugen Hills, Quênia
Ardipithecus kadabba	5,8	?	Middle Awash, Etiópia

Espécie	Datação mais antiga (em milhões de anos antes do presente)	Capacidade craniana aproximada (em cm^3)	Principais locais em que os fósseis foram encontrados
Ardipithecus ramidus	4,4	350	Middle Awash, Etiópia
Australopithecus anamensis	4,2	370	Quênia; Etiópia
Australopithecus afarensis	3,9	415	Hadar, Etiópia; Laetoli, Tanzânia; Quênia
Australopithecus bahrelghazali	3,6	?	Chade
Kenyanthropus platyops	3,5	?	Quênia
Australopithecus africanus	3,0	450	Taung; Sterkfontein, África do Sul
Australopithecus garhi	2,5	450	Etiópia
Paranthropus aethiopicus	2,7	410	Lago Turkana, Quênia; Etiópia
Paranthropus robustus	2,0	530	Swartkrans; Kromdraai, África do Sul
Paranthropus boisei	2,3	510	Desfiladeiro de Olduvai, Tanzânia; Etiópia; Lago Turkana, Quênia
Homo habilis	2,4	500 a 700	Desfiladeiro de Olduvai, Tanzânia; Lago Turkana, Quênia
Homo rudolfensis	2,4	600 a 800	Lago Turkana, Quênia; Malawi
Homo ergaster	1,8	900	Lago Turkana, Quênia; Dmanisi, Geórgia; Swartkrans, África do Sul

Espécie	Datação mais antiga (em milhões de anos antes do presente)	Capacidade craniana aproximada (em cm³)	Principais locais em que os fósseis foram encontrados
Homo erectus	2,0	700 a 1250	África, Ásia e provavelmente Europa
Homo heidelbergensis	0,2 a 0,8	1200	Europa, África e Ásia
Homo neanderthalensis	Entre 0,4 e 0,04	1300 a 1750 (média de 1487)	Europa e parte da Ásia
Homo sapiens[66]	0,35 - atual	1350	Surgimento na África; todo o planeta

Fonte: adaptado de Neves (2006)[67]

Durante muitos anos (inclusive Charles Darwin já havia escrito isso), pressupôs-se que uma das principais razões para a fixação da bipedia teria sido a fabricação de ferramentas, pois essa postura bípede liberaria as mãos para carregar os materiais necessários e trabalhá-los. Entretanto, os fósseis mais antigos de homníneos nos indicam que a bipedia se desenvolveu muito antes da fabricação de ferramentas (as mais antigas já encontradas datam de cerca de três milhões de anos).

Estudos do paleoclima africano indicam que há aproximadamente 2,8 milhões de anos se iniciou uma transição para ambientes mais áridos, constituindo gradualmente uma paisagem semelhante à atual, com grandes áreas desérticas e de savanas, e poucas áreas florestais. As mudanças climáticas coincidindo com as acentuadas modificações evolutivas nos homnínios africanos sugerem a enorme influência do ambiente sobre o desenvolvimento evolutivo da nossa linhagem. Por exemplo, é possível que nessa nova paisagem, a capacidade de subir eficientemente em árvores tenha deixado de ser tão importante, já que, com a savanização do continente africano, já não era mais tão comum encontrar grandes árvores para utilizá-las como refúgio ou para obter alimentos. A busca pelos alimentos passou a ser entre os locais-fonte de recursos, com percursos mais longos.

---

[66] Em 2017, foi publicado um trabalho descrevendo um fóssil de cerca de 350.000 anos, escavado no Marrocos, que pode ser o mais antigo *Homo sapiens* já encontrado, com características basais da espécie. Antes dessa descoberta, a datação mais antiga que tínhamos para a nossa espécie era de cerca de 200.000 anos antes do presente (AP).

[67] NEVES, W.A. E no princípio... era o macaco! *Estudos Avançados*, v. 20, n. 58, p. 249-285, 2006.

A posição ereta nesse caso traria inúmeras vantagens, como permitir que o indivíduo observe mais longe, visualizando quando possíveis presas ou possíveis predadores estivessem por perto. Além disso, há o fator da termorregulação, com o corpo mais distante do chão e das temperaturas mais elevadas do solo, sendo suscetível às correntes de ar refrescando-o durante as caminhadas. As proporções entre membros inferiores e superiores também influenciam um deslocamento mais eficiente.

Entretanto, é preciso cautela ao utilizar essa teoria da savanização para explicar a bipedia e origem dos homínios, pois a descoberta de fósseis mais antigos da nossa linhagem, como o de Ardi, apelido para um indivíduo da espécie *Ardipithecus ramidus*, indica que a postura bípede se desenvolveu significativamente quando os ambientes de savana africana ainda eram grandes áreas florestais. Inclusive, Ardi, datado do Plioceno, apresentava uma anatomia que indica que além da bipedia a sua espécie poderia ainda escalar árvores, com hábitos semiarborícolas. Então é provável que a bipedia tenha se desenvolvido em ambientes ainda com muitas árvores, com os primeiros bípedes podendo se deslocar por escaladas e caminhadas. Outra possibilidade é que a bipedia tenha sido selecionada também como característica postural (visto que outros primatas também apresentam esse tipo de postura em diversos momentos de suas atividades) e depois como forma de deslocamento eficiente, junto a outras alterações na anatomia.

4

COMPORTAMENTO SOCIAL: O ELEMENTO BÁSICO DA NOSSA SOBREVIVÊNCIA

Figura 3 – Escala do tempo geológico, em milhões de anos (Ma)

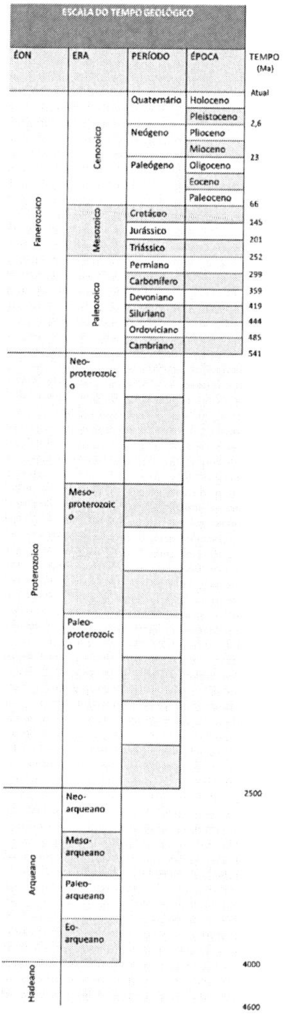

ÉON	ERA	PERÍODO	ÉPOCA	TEMPO (Ma)
Fanerozoico	Cenozoico	Quaternário	Holoceno	Atual
			Pleistoceno	2,6
		Neógeno	Plioceno	
			Mioceno	23
		Paleógeno	Oligoceno	
			Eoceno	
			Paleoceno	66
	Mesozoico	Cretáceo		145
		Jurássico		201
		Triássico		252
	Paleozoico	Permiano		299
		Carbonífero		359
		Devoniano		419
		Siluriano		444
		Ordoviciano		485
		Cambriano		541
Proterozoico		Neo-proterozoico		
		Meso-proterozoico		
		Paleo-proterozoico		
				2500
Arqueano		Neo-arqueano		
		Meso-arqueano		
		Paleo-arqueano		
		Eo-arqueano		
Hadeano				4000
				4600

Fonte: os autores

As evidências fósseis sugerem que há cerca de 140 milhões de anos, durante o Período Cretáceo, surgiram as primeiras angiospermas, plantas que têm flores e frutos protegendo suas sementes[68]. Com essas plantas, que foram se tornando cada vez mais comuns e se diversificando por todo o planeta, houve a coevolução de diversos grupos animais, envolvidos na dispersão de suas sementes. Os insetos, aves e mamíferos que conseguiam perceber as diferentes cores, texturas, formas e tamanhos, e que conseguiam visualizar, manipular, mastigar e digerir essas flores, frutos e sementes acabavam tendo grandes vantagens adaptativas, pois tinham agora novas fontes de alimento disponíveis. Quando o reinado dos grandes dinossauros não avianos começa a declinar fortemente, os mamíferos têm a chance de ocupar novos nichos e ter espaço para uma grande diversificação, inclusive com indivíduos de maior porte e não apenas em maioria de pequenos tamanhos, insetívoros e noturnos. Agora, a percepção de cores e outras características que pudessem facilitar o hábito diurno pode trazer ainda mais vantagens adaptativas. Especialmente dentro do grupo dos primatas, tais características se mantêm entre diversas espécies.

Os fósseis mais antigos de primatas datam de cerca de 65 milhões de anos, no início do Paleoceno, na fronteira entre os Períodos Cretáceo e Paleógeno. Mas estima-se que devem ter surgido há menos 80 milhões de anos, derivados de espécies de pequeno porte, noturnas, terrestres ou arborícolas e que se alimentavam principalmente de insetos. Atualmente, existem mais de 370 espécies de primatas, com uma diversidade de tamanhos e hábitos, e há algumas maneiras propostas para classificá-las. A mais clássica é a divisão em dois grupos (Fig. 4): o dos Prossímios, formados por Lorisiformes, Tarsiformes e Lemuriformes; e o dos antropoides, composto de espécies que surgiram há cerca de 56 milhões de anos, no Período Paleógeno, com a diversificação dos primatas.

Os antropoides são divididos em Platirrinos (macacos do Novo Mundo) e Catarrinos, este último dividido em Cercopitecoides (macacos do Velho Mundo) e Hominoides (humanos e os outros grandes primatas, chamados também de "monos").

---

[68] Na verdade, é provável que as angiospermas tenham surgido antes e irradiado nesse período, pois os seus fósseis do Cretáceo já indicam uma considerável diversidade. Essa escassez de fósseis mais antigos e com características mais basais das angiospermas preocupava Darwin, pois ele a considerava como um possível argumento para os pesquisadores que questionavam a sua Teoria da Evolução por Seleção Natural. Por esse motivo, ele chamava essa lacuna de mistério abominável. As explicações atuais apontam para o fato de que as primeiras espécies desse grupo podem ter sido de tamanho bastante reduzido e frágeis, o que conferia dificuldade para a sua fossilização.

Figura 4 – Divisão clássica da Ordem dos primatas, nos grupos dos Prossímios e dos Antropoides

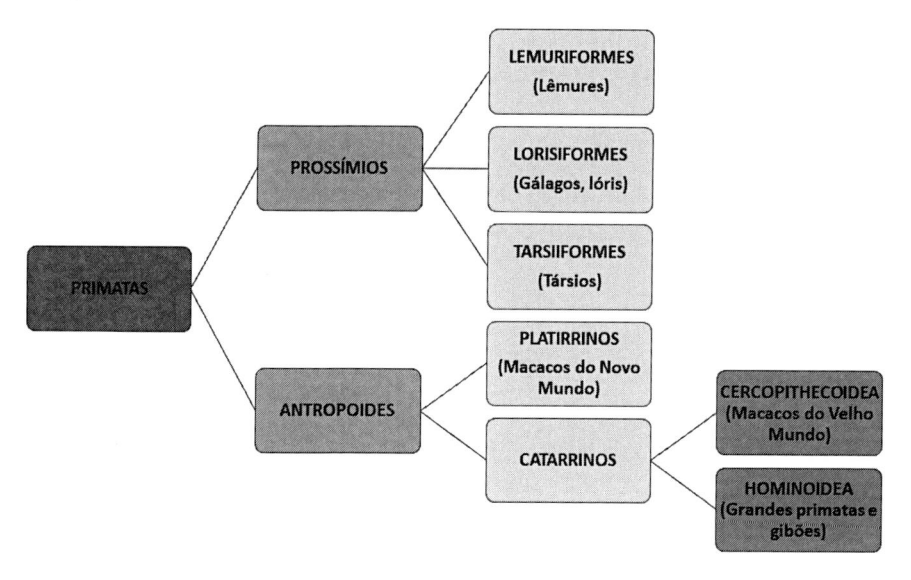

Fonte: os autores

Várias características encontradas na maioria dos primatas são, na verdade, compartilhadas com todos os mamíferos placentários, tais como pelos espalhados ao longo do corpo, presença de glândulas mamárias, heterodontia (presença de dentes morfologicamente diferentes no mesmo indivíduo), manutenção de temperatura corporal constante, cérebro de grande tamanho em relação ao corpo e capacidade considerável de aprendizado e de plasticidade comportamental. Entretanto, há certas características que tomadas em conjunto podem definir razoavelmente o grupo. Elas dizem respeito a especificidades da dieta, dentes, locomoção, estrutura do cérebro, morfologia e comportamento. Vários autores defendem que tais especificidades refletem histórias evolutivas semelhantes quanto às variações ambientais enfrentadas e estão relacionadas a animais essencialmente arbóreos e sociais.

Uma boa parte dos traços estaria relacionada à vida arbórea, como as modificações dos membros (pernas, braços, mãos, dedos e pés), voltados a facilitar esse tipo de locomoção, além da percepção de profundidade, possibilitada pela visão binocular e pelo aumento do cérebro (que coordena a percepção visual e a resposta locomotora). Porém a vida arbórea não pode ser considerada como o único estímulo para tais características, inclusive vários outros mamíferos essencialmente arborícolas não a apresentam.

Uma característica derivada encontrada em diversos grupos é a forte dependência da visão e uma menor dependência do olfato, especialmente nas espécies diurnas. Essa propriedade envolve mudanças na morfologia do crânio, dos olhos e das conexões nervosas no cérebro. A percepção de profundidade também é um atributo marcante do grupo, que consegue, portanto, perceber os objetos em três dimensões. Isso é possível por conta de um conjunto de modificações neuronais e musculoesqueléticas, que lhe permite uma apurada visão estereoscópica, interpretando o ambiente de maneira tridimensional, com boa noção de distância. Além disso, há características anatômicas que lhe conferem habilidade e flexibilidade para se deslocar de diferentes maneiras. Entre tais modificações destacamos:

I. A clavícula, junto a determinados ligamentos nos ombros e cotovelos, permite uma flexibilidade motora que amplia o alcance dos membros superiores e do corpo. Assim, o animal pode tanto fazer um movimento de escalada quanto balançar entre galhos ou caminhar no ambiente.

II. Têm cinco dígitos funcionais nos pés e mãos, com polegares e hálux em oposição aos outros dedos e podendo formar um ângulo de 90º com esses, o que lhes permite mais firmeza e habilidade para os hábitos arbóreos, de *grooming* e para agarrar e manipular objetos. Alguns primatas apresentam essa disposição também nos pés, que são bastante hábeis. Uma característica muito importante é o fato de apresentarem unhas em vez de garras, além de inúmeras terminações nervosas nos dígitos, em especial na região distal, ou seja, nas pontas dos dedos. Isso permite que esses animais tenham bastante sensibilidade nessas regiões, compreendendo melhor as informações do objeto que estão a manipular, podendo perceber, por exemplo, o seu peso, textura, fragilidade, quanto de pressão podem aplicar. Ou seja, podem manipulá-los de forma mais precisa.

III. A visão e o olfato geralmente têm um papel fundamental para escapar de predadores e para encontrar alimentos, estando constantemente sob seleção. No caso dos primatas, encontramos como uma característica marcante a diminuição dos aparatos olfatórios (redução do chamado "focinho") e aperfeiçoamento do aparato visual, com a visão se tornando bastante importante para esse grupo. A visão é utilizada na percepção multissensorial do ambiente – por meio dela, as informações são continuamente recebidas, atualizadas, integradas e interpretadas. Há um aperfeiçoamento na percepção de cores. Além disso, os olhos estão localizados na frente da face, e não nas laterais, o que permite sobreposição de campos visuais, com a formação de uma visão binocular. As informações visuais recebidas por cada um dos olhos são transmitidas e compartilhadas, cada um dos hemisférios apresenta centros visuais com estruturas especializadas que permitem a organização dessas informações e, por fim, uma visão tridimensional.

Dessa forma, esses animais têm uma boa percepção de profundidade, de cores e de movimento, o que lhes confere habilidade para a vida arbórea, mas também para a locomoção no solo. Alguns autores chegam a afirmar que essas alterações no sentido da visão podem ter sido algumas das principais influenciadoras no desenvolvimento dos aspectos cognitivos do grupo, incluindo as particularidades da nossa espécie.

IV. A dieta passou de basicamente insetívora para mais onívora, com alterações nos dentes que lhes permitiram processar (rasgar, cortar, triturar) esses diferentes alimentos.

V. Tendência a manter a posição ereta do tronco em ao menos alguns momentos, como ao sentar-se ou caminhar.

VI. Tendência a um aumento do tamanho corporal e do tamanho do cérebro, o que discutiremos com mais detalhes no próximo tópico.

VII. Os períodos de gestação são longos, com o nascimento de poucos filhotes por ninhada. Esses filhotes permanecem bastante dependentes dos adultos por um longo período se comparado a outros grupos animais, chegando a apresentarem um período correspondente à adolescência. Essa convivência prolongada com os adultos é de extrema importância para o aprendizado social da prole, que aprende a caçar, obter alimentos, comportamentos de fuga, e aspectos da convivência social com outros membros do grupo, além de hábitos específicos, como os culturais. Essas características fazem parte de um comportamento social complexo, que é um dos pontos fundamentais de caracterização da ordem dos primatas.

5

COMO O CÉREBRO FUNCIONA E OS SENTIDOS

Nosso sistema nervoso central é formado pela medula espinhal e pelo encéfalo. A medula espinhal fica protegida pela coluna vertebral, enquanto o encéfalo fica contido na calota craniana. O encéfalo é formado por três estruturas: o tronco encefálico, o cerebelo e o cérebro. As duas últimas estruturas serão o alvo do nosso capítulo, já que um fator importante a ser considerado nos estudos comportamentais é o tamanho do cérebro - tanto o tamanho *absoluto* quanto o tamanho *relativo* (que é a medida do volume do cérebro em relação ao volume do animal).

O grupo dos mamíferos é o que apresenta os cérebros com maior tamanho relativo, chegando a ser "cerca de 10 vezes maior do que o de répteis e anfíbios, em relação ao tamanho do corpo"[69]. Em primatas, incluindo a nossa espécie, essa característica se acentua. E nos humanos o cérebro é três vezes maior que o esperado em grandes primatas[70]. Esses grandes cérebros fazem com que o tempo de dependência total ou muito acentuada dos jovens (duração do período da infância) seja bastante prolongado, durando pelo menos cerca de 8 anos para gibões, chimpanzés e humanos – tanto dependência para obter alimentos e outros comportamentos básicos quanto para aprender sobre interação e regras sociais mais definidas entre os indivíduos. Os bebês dessas espécies de grandes primatas nascem bastante imaturos, com menor tamanho do que podem atingir após o seu desenvolvimento, e essa é uma propriedade fundamental para minimizar possíveis problemas, para a mãe e para os filhotes, durante o nascimento. Os cérebros da espécie humana demoram ainda mais tempo para chegar ao seu tamanho máximo, e esse contato tão prolongado dos jovens com os mais velhos é essencial para o desenvolvimento cognitivo e comportamental dos indivíduos, que convivem, visualizam e aprendem as tradições e a cultura dos outros com quem convivem.

---

[69] DALGALARRONDO, P. *Evolução do cérebro*: sistema nervoso, psicologia e psicopatologia sob a perspectiva evolucionista. Porto Alegre: Artmed, 2011.

[70] *Ibid.*, p. 113.

Ao nascer, o indivíduo não nasce com traços culturais já formados ou definidos. Mas nasce com todo um aparato cognitivo que lhe permite aprender e formar o conjunto de hábitos e comportamentos que lhe forem ensinados da tradição cultural em que está inserido.

Diversos mecanismos relacionados às funções e à estrutura do cérebro são bastante conservados evolutivamente, apresentando-se de forma semelhante ao longo dos grupos dos vertebrados. Entretanto, há alguns aspectos peculiares marcantes em cada um deles. No caso dos primatas, na obra Evolução do Cérebro[71], o psiquiatra, professor e músico Paulo Dalgalarrondo discute, entre outros temas, a importância do aumento expressivo do tamanho absoluto desse órgão, que pode envolver como consequência três tipos de mudanças importantes na sua estrutura: o aumento do tamanho das regiões cerebrais, alterações na sua organização interna e/ou alterações nas conexões entre elas. Especialmente em conjunto com outras características, todos esses rearranjos podem provocar, em algum grau, alterações no comportamento das espécies. E podem ser trabalhados constantemente, ao longo do tempo, pelos processos evolutivos, de acordo com as consequências que eles trazem.

4.1 O HIPOCAMPO: O QUE SOU, AONDE VOU

Certas estruturas cerebrais apresentam destaque na nossa discussão. Uma delas é o **hipocampo**. Também conhecido como Corno de Ammon, encontra-se em uma posição mais central e interior do cérebro. Em alguns grupos animais, ele faz parte da região hipocampal, área fundamental para a memória e cognição.

Em associação a outras estruturas no cérebro, relaciona-se ao processamento de memórias emocionais e respostas emocionais inclusive de comportamentos básicos, como sede, fome, sono, impulsos sexuais, ciclos de vigília, além de medo, ansiedade, e respostas de alerta e fuga. Nos anfíbios e répteis, por exemplo, grupos que apresentam estruturas neuronais análogas ao hipocampo, essa região processa em especial estímulos olfativos, relacionando-se à memória olfativa, com cheiros de potenciais parceiros sexuais, presas e predadores.

Nas aves e nos mamíferos, o hipocampo apresenta intensa conexão com outras áreas do cérebro, sendo fundamental para diferentes funções. Uma delas é o desenvolvimento da memória espacial ou topográfica, rela-

---

[71] DALGALARRONDO, 2011.

cionada à localização no ambiente. As diversas informações recebidas são processadas de modo a formar um mapa mental do ambiente, criando representações espaciais que são armazenadas na memória. Por esse motivo, na espécie humana, quando um indivíduo apresenta comprometimento dessa região, pode apresentar bastante dificuldade para se deslocar mesmo entre os cômodos da casa – por exemplo, no caso de pacientes em estágios avançados da doença de Alzheimer.

Em humanos, a região hipocampal também está envolvida na consolidação da memória a curto prazo (que depois será armazenada em outras regiões), em especial quando são informações associadas a eventos com forte carga emocional. Isso porque o hipocampo apresenta abundante conexão com áreas neocorticais, além de fazer parte do sistema límbico (conjunto de estruturas relacionadas às emoções e às manifestações fisiológicas e comportamentais ligadas a essas emoções), auxiliando na maior consolidação da memória desses eventos que causam prazer, tristeza, dor, alegria ou outras sensações e emoções.

Por fim, na espécie humana também está relacionado à memória declarativa de eventos autobiográficos, em que o indivíduo consegue descrever e associar os eventos nos quais esteve envolvido, como encontros sociais, últimas refeições etc. Além da memória semântica, que envolve o processamento das informações baseadas em palavras. Mais recentemente, tem sido estudada a relação da região hipocampal com a proliferação de novos neurônios e com certos efeitos de regulação comportamental em eventos de encontros sociais, mas são estudos ainda em desenvolvimento.

4.2 O CÓRTEX CEREBRAL

O cérebro divide-se em diencéfalo e telencéfalo. No telencéfalo, externamente, encontramos o **córtex cerebral**. Essa estrutura é definida como a "fina camada de substância cinzenta que reveste o centro branco medular do cérebro"[72] ou como "uma camada superficial de substância cinzenta composta pelos corpos dos neurônios (núcleos celulares)"[73]. Sendo assim, é a camada mais superficial, que reveste todo o cérebro. É composta de fibras, células neurogliais e numerosos corpos de neurônios, esses últimos

---

[72]   MACHADO, A. *Neuroanatomia funcional.* 2. ed. São Paulo: Atheneu, 2000.
[73]   DALGALARRONDO, 2011, p. 141.

com diferentes funções e morfologia, que estão relacionados a "funções de percepção sensorial psico-fisiológicas de alto nível, planejamento, representação de objetos e eventos, e tomada de decisões"[74].

Constitui a parte do sistema nervoso que recebe os impulsos provenientes das vias de sensibilidade do animal, que aí são integrados e interpretados. Posteriormente, como resposta, dele saem os impulsos nervosos que iniciam e comandam os movimentos voluntários e as funções intelectuais.

O córtex apresenta saliências ou elevações (giros) e depressões (sulcos). Em algumas ordens de mamíferos, encontramos cérebros com grande número de giros e sulcos, o que permite uma expansão considerável de superfície do córtex cerebral, sem necessariamente aumentar o volume do cérebro (Fig. 5). Como resultado desse aumento, é possível inclusive aumentar as "suas possibilidades comportamentais e cognitivas (em termos de flexibilidade e aprendizagem"[75].

As diferenças entre os cérebros de diferentes grupos de mamíferos estão esquematizadas na figura 5.

Figura 5 – Comparação do cérebro de diferentes mamíferos, evidenciando os sulcos e giros de cada um. Escalas aproximadas

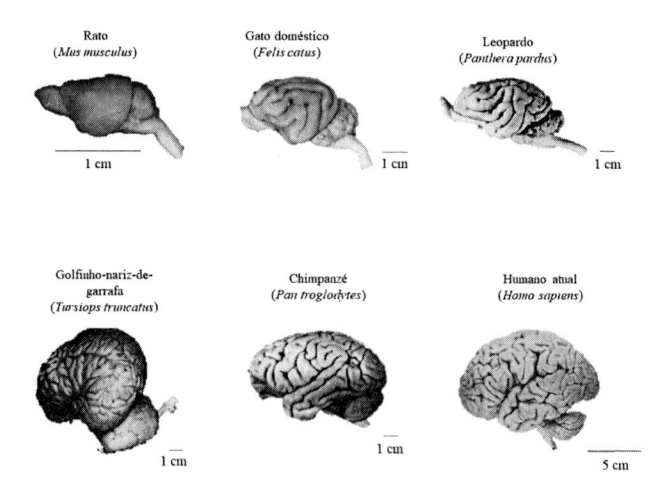

Fonte: imagens modificadas de Brain Museum, da University of Wisconsin, Michigan State University, e National Museum of Health and Medicine. Disponível em: http://brainmuseum.org/index.html

---

[74] WELLS, R.B. *Cortical neurons and circuits*: A tutorial introduction. Moscou: LCNTR Tech Brief, 2005.

[75] DALGALARRONDO, 2011, p. 114.

O córtex cerebral não é uma estrutura homogênea, e pode-se utilizar critérios anatômicos, filogenéticos, funcionais e estruturais para individualizar diversas áreas ao longo da sua extensão. Ele está presente também nos répteis e nas aves, mas nos mamíferos desenvolveu-se acentuadamente, sendo dividido em dois tipos básicos: o alocórtex e o isocórtex. O alocórtex se desenvolveu anteriormente nos grupos animais (e, por isso, já foi chamado de "paleocórtex" ou "arquicórtex"), e foi sendo deslocado para uma posição mais ventral do córtex, mais profunda, formando o hipocampo e outras estruturas. O isocórtex (que se desenvolveu mais tarde filogeneticamente, e por isso já foi chamado de "neocórtex" em classificações antigas) corresponde à maior parte dessa estrutura, apresentando seis camadas em uma complexa organização, e cada uma delas com organizações e funções específicas. É ele que forma os sulcos, giros e fissuras, ao dobrar-se sobre si mesmo. A sua proporção no córtex depende da espécie, chegando a quase 80% do cérebro na espécie humana[76]. Nos primatas mais antigos, é possível que o isocórtex estivesse bastante relacionado à visão principalmente; entretanto, nas espécies mais recentes e com alto desenvolvimento cognitivo, o isocórtex apresenta um aumento significativo de áreas que formam o chamado "córtex associativo", que integra as informações primárias motoras e sensitivas dos córtex auditivo, visual e motor. O córtex associativo integra as informações monomodais desses outros, formando as multimodais, também relacionando-se ao comportamento – sua flexibilidade, ajustes, aprendizado e planejamento. Como exemplo, acredita-se que a linguagem, seu desenvolvimento e aprendizagem, envolva pelo menos 20% das áreas corticais do hemisfério esquerdo do cérebro humano.

Quanto à anatomia, baseia-se na divisão dos lobos, dos giros e dos sulcos, e os sulcos permitem um aumento da superfície sem um grande aumento do volume cerebral – Machado[77] chama atenção para o fato de que dois terços do isocórtex dos humanos estão contidos (ou "escondidos") nos sulcos. A distribuição dos sulcos e dos giros é bastante diferente entre os humanos e os demais animais. Porém entre os primatas já se observam os sulcos central e lateral, e nos demais antropoides a semelhança com os sulcos encontrados nos humanos é muito grande, estando a maior parte das diferenças especialmente no lobo frontal.

Há uma forte relação entre as características estruturais encontradas em cada área do isocórtex e as suas diferentes funções. Dessa forma, é possível dividi-lo em áreas distintas, como fez Korbinian Brodmann em 1909,

---

[76] DALGALARRONDO, 2011.
[77] MACHADO, 2000.

que, utilizando análises histológicas, propôs a divisão do isocórtex humano inicialmente em 47 e depois chegando a 52 áreas corticais, produzindo um mapeamento dessas áreas. Essa divisão está esquematizada na figura 6 e na tabela 2.

Figura 6 – Desenho esquemático de um cérebro humano, demonstrando quase todas as divisões propostas por Brodmann (1909) para o córtex cerebral da nossa espécie

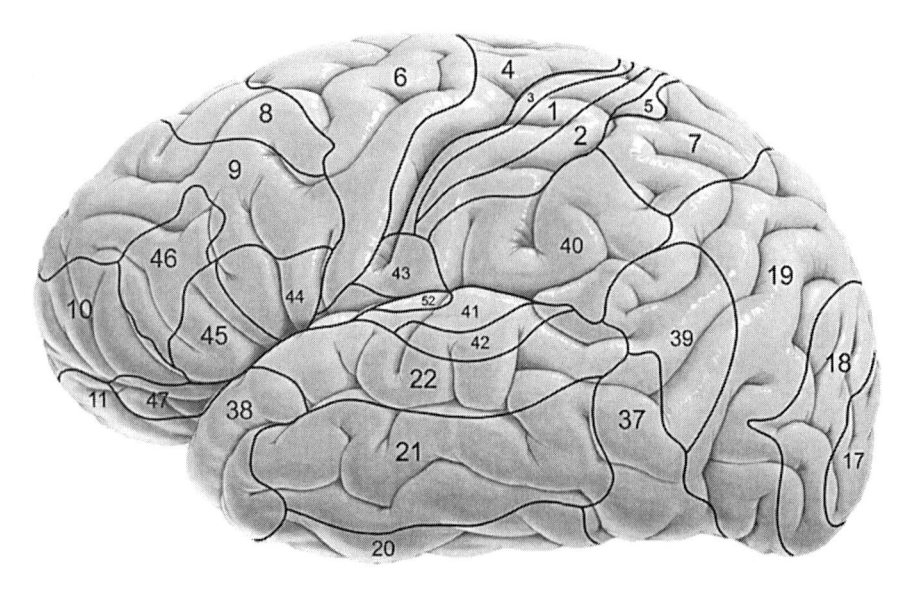

Fonte: adaptação elaborada pelos autores com imagens de livre acesso disponíveis na internet

Tabela 2 – Algumas das áreas corticais do cérebro humano a partir das divisões propostas por Brodmann e suas respectivas funções principais. Destaque para as regiões correspondentes às áreas de Broca e de Wernicke, relacionadas à linguagem

Área	Descrição e principais funções associadas
3, 1, 2	Áreas sensoriais somáticas primárias. Responsáveis pelo processamento de informações sensoriais.
4	Córtex motor primário ou área motora primária. Controla os movimentos voluntários.
5, 7	Áreas de associação cortical sensorial geral (córtex de associação somatossensorial)
6	Córtex pré-motor e córtex motor suplementar. Planejamento de movimentos voluntários.

Área	Descrição e principais funções associadas
8	Campo visual ou ocular frontal. Envolvido no movimento ocular.
9, 10	Córtex pré-frontal, córtex motor de associação.
17	Área visual primária (ou córtex visual primário). Processa os estímulos visuais (cores e luminosidade).
18, 19	Córtex visual secundário. Interpretação de informações visuais.
22	Córtex auditivo secundário. Associação cortical auditiva
22 (no hemisfério dominante), 39, 40	Relacionadas à compreensão da linguagem (área de Wernicke)
39	Localizada no giro angular. Está envolvida na leitura e no processamento relacionado à matemática.
41, 42	Córtex auditivo primário. Áreas auditivas primárias. Responsáveis pelo processamento de informações auditivas.
44, 45	Componentes motores da fala (área de Broca)

Fonte: os autores

Mais tarde, outros pesquisadores, como Economos e Koskinas, continuaram esse trabalho e identificaram novas áreas, que chegaram a centenas. Essas localizações funcionais são apenas especializações de cada uma dessas regiões, e não devem ser vistas como compartimentos isolados ou que não se comuniquem. Por exemplo, relacionadas à área visual, estão envolvidas na divisão de Brodmann as regiões 17, 18 e 19. De fato, atualmente as divisões como foram apresentadas por Broadmann e sucessores têm sido menos utilizadas ou não utilizadas de forma exclusiva, sendo substituídas ou complementadas por novas propostas de divisões funcionais do cérebro, mais específicas e detalhadas, com alguns trabalhos chegando a sugerir cerca de 180 diferentes áreas[78].

Uma divisão bastante utilizada atualmente é a classificação em diferentes lobos (Figura 7). O córtex cerebral humano é dividido em cinco: lobos frontal, parietal, occipital, temporal e insular (esse último localizado mais internamente).

---

[78] Como exemplo, ver GLASSER, M. *et al.* A multi-modal parcellation of human cerebral cortex. *Nature,* v. 536, p. 171-178, 2016.

Figura 7 - Mapa esquemático funcional do córtex cerebral, indicando a sua divisão em lobos. Os lobos são duplicados, já que são encontrados nos dois hemisférios cerebrais. Um resumo das principais funções de cada um também está indicado no esquema

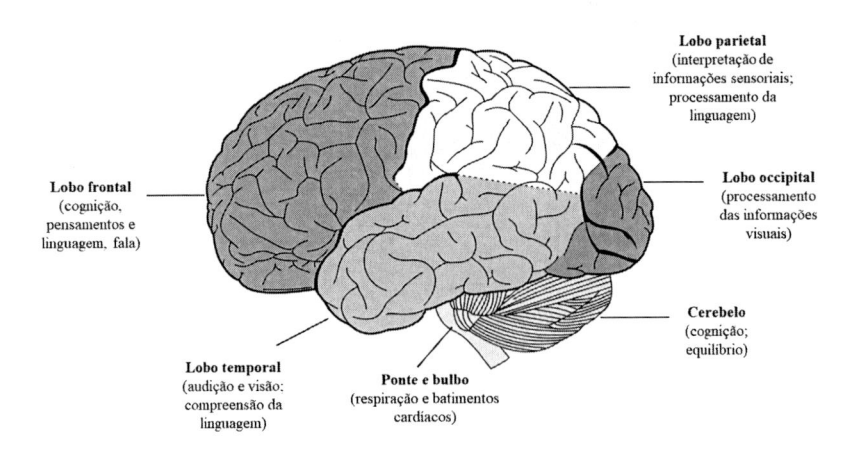

Fonte: os autores

Nos primatas, é bastante acentuado o **lobo occipital**, região que, em conjunto com o **lobo temporal**, é fundamental para a recepção e interpretação das informações visuais. Tal desenvolvimento relaciona-se à importância da visão para esse grupo, que se baseia nesse sentido para se deslocar, detectar e fugir de predadores, buscar alimento e abrigo e observar o ambiente e outros indivíduos, como discutimos. No córtex cerebral há ainda colunas formadas por neurônios envolvidos na percepção de diferentes informações visuais. Por exemplo, há "conjuntos de neurônios que reconhecem linhas verticais e horizontais, conjuntos que detectam cores, outros que identificam movimentos, aqueles que reconhecem arestas, e assim por diante"[79]. As conexões com outras áreas do cérebro também são notáveis, inclusive com o lobo frontal. Por conta do desenvolvimento dessas áreas visuais e das suas conexões é que boa parte dos primatas apresenta de forma tão apurada a percepção de profundidade, a distinção de cores, a agilidade dos movimentos – nas árvores e no solo, a depender da espécie – e a firmeza para segurar e manipular objetos.

Localizado na região anterior do cérebro, o **lobo frontal** também apresenta um desenvolvimento extremamente acentuado no grupo, com substancial aumento no número de sulcos e giros, especialmente nos gran-

---

[79] DALGALARRONDO, 2011, p. 171.

des primatas. Nos humanos, ele ocupa a maior parte do córtex. Nesse lobo há áreas corticais (unidades funcionais) relacionadas a diversas funções, incluindo as cognitivas. No córtex motor ocorrem processamentos para as funções motoras primárias e secundárias, responsáveis pelo controle dos movimentos voluntários e pela orientação espacial. Mais uma vez devemos lembrar como essas regiões atuam em conjunto com outras áreas – por exemplo, com o cerebelo e os lobos occipitais – no planejamento do movimento e no movimento conjugado dos olhos. O córtex pré-frontal é responsável pelas funções cognitivas superiores, como motivação, organização, planejamento, regulação emocional, tomada de decisões, resolução de problemas e pensamento abstrato em humanos. É também nesse lobo que se encontra, na espécie humana, a área de Broca – correspondente às áreas 44 e 45 de Broadmann –, onde se processam os componentes motores da fala e da palavra escrita ou falada (por exemplo, coordenação da escrita, articulação da língua, gestos relacionados à fala). A área de Broca está, então, relacionada à linguagem. Diferentemente da maioria das outras regiões dos lobos, ela não se repete nos dois hemisférios cerebrais. Em vez disso, ela é encontrada em apenas um dos hemisférios, geralmente o dominante do indivíduo, e no outro hemisfério, na região correspondente, ocorre o processamento dos componentes emocionais da fala (como a musicalidade da fala e a entonação). Quando um indivíduo sofre algum tipo de lesão nessas áreas do cérebro, ele pode passar a sofrer de afasia. No caso da afasia de Broca, ele compreende o que é dito e sabe o que ele quer dizer, mas passa a ter dificuldades de achar as palavras corretas para se expressar (afasia expressiva). No caso de lesão na região da área 22 de Brodmann, pode ocorrer a afasia de Wernicke (afasia sensorial ou receptiva), quando há a dificuldade de compreender a linguagem, e os pacientes podem utilizar palavras que não existem ou que não fazem sentido no diálogo.

Sendo assim, o lobo frontal é essencial para o desenvolvimento das características cognitivas dos indivíduos, pois está relacionado à interpretação e análise do ambiente, à resolução de problemas, e, no caso dos humanos, à comunicação entre os indivíduos e o raciocínio abstrato.

4.3 O CEREBELO

Outra estrutura que vale a pena citarmos é o **cerebelo** (é possível notá-lo na Figura 7). Essa estrutura varia bastante entre os diversos grupos animais, e até há algum tempo era estudada como se estivesse relacionada apenas a funções motoras. De fato, nos primeiros vertebrados em que se desenvolveu, as suas funções deveriam relacionar-se primeiro à coordenação dos movimentos, equilíbrio e postura. Em intensa comunicação com o sistema vestibular (relacionado à orientação espacial, equilíbrio e coordenação dos movimentos), por exemplo, é fundamental para coordenar os movimentos da cabeça e dos olhos, mantendo a imagem estabilizada na retina. Entretanto, cada vez mais estudos demonstram a sua importância em outras áreas, principalmente cognitivas.

Nas aves e nos mamíferos, o cerebelo manifesta um acentuado desenvolvimento, com aumento de tamanho e de complexidade, mantendo intensa comunicação com diversas áreas do organismo, tais como a medula e o córtex cerebral. Em algumas espécies de aves, por exemplo, o cerebelo é bastante desenvolvido, provavelmente por efeitos relacionados ao voo e à postura desses animais. Nos mamíferos, é mais acentuado especialmente nos primatas, estando relacionado aos movimentos refinados e delicados que necessitam de maior coordenação. E em alguns mamíferos há ainda o desenvolvimento do cerebelo cortical (neocerebelo), que mantém intensas conexões com o córtex cerebral, permitindo movimentos ainda mais refinados, como ocorre na espécie humana. Dalgalarrondo afirma:

> Possuir tal neocerebelo (além do sistema motor piramidal dos hemisférios cerebrais), por exemplo, permite a capacidade para os intrincados movimentos de mãos e dedos de uma bordadeira, de um malabarista, de um pintor ou escultor que produz miniaturas, de alguém que escreve (pense-se na escrita chinesa ou árabe) ou de um pianista ao executar um noturno de Chopin.[80]

4.4 OUTRAS ESTRUTURAS

Há, ainda, outras estruturas cerebrais que não compreendemos tão bem o funcionamento ou em que atividades estão envolvidas. É o exemplo do corpo caloso, a estrutura que liga os dois hemisférios do cérebro, permitindo a comunicação entre eles. O corpo caloso está presente em todos os mamíferos placentários, e em humanos parece relacionado ao desenvolvimento de certas síndromes e distúrbios, como transtorno bipolar, transtorno do espectro autista e esquizofrenia. Os estudos sobre essa estrutura estão em continuidade, tentando detalhar a sua atuação além da fundamental comunicação entre os hemisférios cerebrais.

---

[80] DALGALARRONDO, 2011, p. 134.

A atuação dos neurotransmissores e neuroreceptores, envolvendo a comunicação química entre os neurônios, sem dúvida é de extrema importância para entendermos o comportamento dos grupos animais, incluindo os primatas. Assim como a evolução e o desenvolvimento do sistema endócrino, que interage intensa e continuamente com o sistema nervoso. Entretanto, essas características são ainda mais difíceis de serem recuperadas, seja direta ou indiretamente, no registro fóssil, inviabilizando os estudos das suas alterações e da sua importância ao longo da história evolutiva desses animais.

Resumindo, os pontos marcantes que diferenciam o cérebro humano do de outros mamíferos e de outros primatas são:

I. Apesar de a característica de um maior tamanho do cérebro em relação ao tamanho do corpo ser bem difundida no grupo dos mamíferos, entre os primatas esse aumento é ainda mais significativo, e isso ocorre, em especial, nos humanos;

II. Além desse aumento de tamanho, houve também uma complexificação nas conexões, além de alterações na organização celular do córtex cerebral e de algumas regiões corticais;

III. O desenvolvimento de regiões do cerebelo, além do seu aumento de tamanho;

IV. O desenvolvimento de áreas relacionadas à linguagem, como a de Broca (localizada no lobo frontal, relacionada à fala) e a de Wernicke (localizada no lobo temporal, envolvida na compreensão da palavra falada e escrita), permitindo uma linguagem verbal complexa articulada;

V. O córtex cerebral apresenta uma conexão intensa e bastante desenvolvida entre as diversas regiões e lobos do cérebro, além do acentuado aumento e complexificação desses lobos, tais como o frontal, relacionado ao comportamento, cognição e linguagem. Essas alterações, em conjunto, permitem a compreensão e o desenvolvimento das manifestações simbólicas e de padrões culturais passados adiante, deliberadamente, entre as gerações.

6

O COMPORTAMENTO SOCIAL COMO MEDIADOR DO NOSSO GRANDE CÉREBRO

Para tentar compreender as principais causas das alterações no cérebro da nossa linhagem, algumas hipóteses já foram seriamente debatidas. Duas das mais famosas, e que dominaram por décadas, são o aprimoramento das habilidades de caça e a fabricação de ferramentas – que foram se tornando cada vez mais elaboradas, passando a ser utilizadas com cada vez maior intensidade e em diversas tarefas. Ambos os aspectos teriam exercido forte pressão seletiva no sentido de cérebros maiores e com conexões mais elaboradas. Por outro lado, como em um processo de retroalimentação, essa melhoria na obtenção de alimento, e na qualidade e tipo desses alimentos, permitiria o desenvolvimento de tais características do cérebro, um órgão complexo e custoso, que tem alto gasto energético.

Figura 8 – Ilustração do esquema de retroalimentação, em que a melhoria das ferramentas, em qualidade e em variedade de tipos, aumenta a sua efetividade. As ferramentas seriam também um dos elementos envolvidos nas mudanças que permitiram maior efetividade na obtenção dos alimentos (com relação à quantidade, qualidade energética e nutricional, bem como sua preparação e armazenamento). Todos esses pontos disponibilizaram uma maior quantidade de energia para os organismos, permitindo um aumento dos cérebros e reorganização das suas conexões, todos esses aspectos sob forte ação da seleção natural

Fonte: os autores

Outra hipótese ganhou muita força nas últimas décadas, especialmente com o aumento do número de pesquisas em comportamento animal. De acordo com ela, nossas características evolutivas cerebrais peculiares podem ter sido altamente influenciadas por habilidades relacionadas ao **comportamento social.**

Na marcante obra *Sociobiology: The New Synthesis*[81], o biólogo Edward O. Wilson ressalta a importância da abordagem evolutiva para pesquisas do comportamento social dos animais. Nesse tipo de estudo, ele defende que não devem ser consideradas apenas as causas fisiológicas, deve-se considerar igualmente a significância adaptativa de cada tipo de comportamento, bem como quais são os agentes seletivos envolvidos. Wilson define sociobiologia como "um estudo sistemático das bases biológicas de todo comportamento social"[82], mas entendendo "biológico" como uma predisposição genética que *contribui* para o comportamento social. O que é diferente de posteriores interpretações de comportamento social como sendo "geneticamente determinado".

Sendo assim, para compreender os princípios da evolução de um comportamento, é necessário identificar as complexas interações entre as variáveis fisiológicas e ambientais envolvidas. Essas características são influenciadas por genes e estão sujeitas à ação de seleção natural de acordo com o contexto ambiental; entretanto, o aprendizado também pode modificar ou influenciar o comportamento. Isso é bastante marcante em aves e em mamíferos, especialmente em primatas. O primatólogo e etólogo Frans de Waal lembra que "A evolução depende do êxito de uma característica ao longo de milhões de anos; os motivos originam-se aqui e agora"[83], e que, como nos exemplos em que um animal apresenta comportamento altruísta com animais de outras espécies, "uma vez existindo uma tendência, ela pode afastar-se livremente de suas origens"[84]. Ou seja, uma característica pode ser selecionada por proporcionar maior êxito por determinadas razões, porém, com o tempo, ela pode extrapolar para outros tipos de comportamento, nesses casos não sendo evidente o seu valor adaptativo.

Nos mamíferos, é possível que algumas dessas características possam ter sido derivadas de comportamentos relacionados à predominância de hábitos noturnos do grupo durante a Era Mesozoica, conhecida como a "Era dos dinossauros", quando a maioria dos mamíferos era ainda de pequeno

---

[81] WILSON, E. O. *Sociobiology*: The new synthesis. Cambridge: Harvard University Press, 1975.

[82] *Ibid.*, p. 4.

[83] WAAL, F. *Eu, primata*: por que somos como somos. São Paulo: Companhia das Letras, 2007. p. 212.

[84] *Ibid.*, p. 213.

porte. Nessa situação de comportamento mais noturno, a dependência maior do olfato e da audição, mais que da visão, beneficiaria a habilidade de associar informações, como a capacidade de associar a intensidade dos estímulos a intervalos de tempo e a características de outros animais. Por exemplo, sentir o odor de uma presa se intensificando ou suavizando, indicando sua direção e se passou há muito tempo naquele local. Alguns autores acreditam que essa capacidade associativa pode ter tido influência também no desenvolvimento de determinados comportamentos sociais, potencializados pelo intenso cuidado parental durante a infância, o que permite oportunidade de influenciar o comportamento por meio do aprendizado. Embora algum tipo de sociabilidade (no sentido de viver em grupos estruturados) esteja presente em praticamente todos os tipos de vertebrados, e se considerarmos o grupo dos mamíferos na verdade existam mais espécies solitárias que sociais[85], é dentro da ordem dos primatas que se encontra o maior desenvolvimento de sociabilidade. O conjunto formado pelo encéfalo relativamente grande (relacionado ao comportamento complexo e ao aprendizado), pela associação prolongada dos pais com os filhos, pelas altas taxas metabólicas e endotermia (que exige alto requerimento de recursos) propicia e conduz, direta ou indiretamente, ao desenvolvimento de unidades sociais interdependentes.

O pesquisador Roger Lewin[86] lembra que obtenção de alimentos e defesa contra a predação já foram alguns dos fatores mais apontados na explicação da evolução de comportamento social de primatas. Por exemplo, considerando a distribuição de alimentos no ambiente, grupos podem ser mais eficientes que indivíduos solitários em um processo de busca. Quanto à defesa contra predação, apesar de ser mais conspícuo que um indivíduo solitário, um grupo pode ser mais vigilante (já que apresenta mais pares de olhos e de ouvidos) e mais desafiador (mais dentes disponíveis para proteção). Os autores Krebs e Davies[87] reforçam esse pensamento: a vida em grupo traria uma vantagem de incremento na vigilância, já que quanto mais indivíduos atentos, menor a chance de sucesso de um predador, por existirem mais olhos vigilantes, reduzindo a possibilidade do fator surpresa. Eles lembram também o efeito de diluição, já que, geralmente, para cada ataque bem-sucedido, um predador pode matar apenas uma presa; sendo

---

[85] Ver mais em POUGH, F. H.; JANIS, C. M.; HEISER, J. B. *A vida dos vertebrados*. 4. ed. São Paulo: Atheneu, 2008.

[86] LEWIN. R. *Evolução humana*. São Paulo: Atheneu, 1999. Ainda atualmente essa é uma das obras mais significativas do tema.

[87] KREBS, J. R.; DAVIES, N. B. *Introdução à ecologia comportamental*. São Paulo: Atheneu, 1966.

assim, quanto mais indivíduos no bando, maior a chance de outro indivíduo ser a vítima. Para um predador, então, acabaria sendo mais vantajoso direcionar seus ataques a bandos menores ou indivíduos solitários. Algumas vantagens e desvantagens da vida em grupo estão resumidas na tabela 3.

Tabela 3 – Os possíveis custos e benefícios de viver em grupo

Custos	Benefícios
Maior conspicuidade que indivíduos solitários	Defesa contra predadores pelo efeito de diluição ou por defesa mútua
Maior transmissão de doenças e parasitas entre os membros do grupo	Possibilidade de receber auxílio de outros indivíduos em caso de alguma doença ou limitações
Maior competição por comida entre os membros do grupo	Possibilidade de melhorar o forrageamento
Gasto de tempo e energia para lidar com a companhia dos indivíduos de maior hierarquia	Mesmo os não dominantes recebem permissão para se manterem seguros dentro do grupo
Maior vulnerabilidade quanto ao contato de potenciais parceiros sexuais com outros indivíduos	Os indivíduos podem ter acesso a parceiros sexuais de outros indivíduos

Fonte: adaptado de Alcock (2009)[88]

Sobre toda essa discussão, Lewin[89] afirma que, como a maioria dos primatas vive em grupo, obviamente os benefícios devem superar os custos. A maioria das espécies de primatas é social, vivendo em grupos que podem chegar a centenas de indivíduos. Nesses grupos ocorrem inúmeras interações, como as relacionadas à defesa contra predadores, busca por recursos e criação da prole. Além dessas interações mais "práticas" e diretas, os grupos apresentam intensa interação social, com estabelecimento e ruptura de relações. Essa composição, tamanho e interação dos grupos é que definem a organização social da espécie.

Pough e colaboradores[90] afirmam que os grupos dos primatas vivem em um constante balanço entre cooperação e competição. A competição costuma se manifestar pela agressão, e em geral está relacionada à obtenção de

[88] ALCOCK, J. *Animal behavior*: an evolutionary approach. 9. ed. Massachusetts: Sinauer Associates, 2009.
[89] LEWIN, 1999.
[90] POUGH *et al.*, 2008.

recursos, competição por alimento, por locais de descanso ou por parceiros; ou ainda por estabelecimento e manutenção de hierarquias e dominância, o que pode proporcionar acesso preferencial ao alimento ou a parceiros. Enquanto comportamentos de cooperação incluem compartilhar alimentos ou sítios de alimentação, defesa coletiva do território e de recursos dentro de uma área domiciliar, formação de aliança entre os indivíduos, defesa coletiva contra predadores e o *grooming*.

Esses autores lembram que diversas evidências reunidas de estudos e observações de primatas demonstram que muitas espécies reconhecem os diferentes tipos de relações entre os indivíduos. Citam, por exemplo, um trabalho feito com vocalização de macacos-vervet (*Chlorocebus aethiops sabaeus*), em que indivíduos jovens foram gravados e suas vocalizações foram emitidas, em momentos separados, para três fêmeas do mesmo grupo, uma delas a mãe do jovem. A mãe era quem respondia de forma mais vigorosa aos gritos, sugerindo que ela reconhecia o som do seu filhote. No caso das outras mães, elas provavelmente associavam os gritos a um jovem em particular, porque respondiam olhando para a mãe do emissor dos sons. Dessa forma, tais observações foram interpretadas sugerindo que várias espécies de primatas "apresentam um reconhecimento complexo e detalhado das relações genéticas e sociais de outros indivíduos do seu grupo"[91].

Bergman e colaboradores, em um trabalho semelhante[92], gravaram vocalizações de babuínos em diferentes situações e depois apresentaram as gravações a distintos indivíduos do grupo. Ao analisar os seus dados, os autores da pesquisa concluíram que os indivíduos reconheciam as vocalizações emitidas, dando uma maior atenção aos sons produzidos pelos parentes mais próximos ou aos indivíduos de maior hierarquia. De fato, como conclui Lewin[93] sobre esse assunto, a rica variedade de organizações sociais encontrada entre os primatas, e especialmente nos grandes símios, indica um conjunto complexo de processos envolvidos nos seus padrões de comportamento social. Além da interação da sua anatomia e fisiologia com os fatores ambientais, não há um consenso sobre quais outros elementos influenciaram a evolução da organização social dos primatas.

---

[91] POUGH *et al.*, 2008, p. 627. Diversos estudos com os macacos-vervet (*Chlorocebus aethiops sabaeus*) têm sido realizados ainda atualmente, fornecendo importantes informações sobre o comportamento dos primatas.

[92] BERGMAN, T. J. *et al.* Hierarchical classification by rank and kinship in baboons. *Science*, v. 302, n. 5648, p.1234-1236, 2003.

[93] LEWIN, 1999.

No caso dos humanos, há outras hipóteses discutidas em diferentes áreas para tentar explicar o aumento do nosso cérebro ao longo da nossa linhagem evolutiva. Entre elas, estão razões demográficas, seleção sexual ou características sociais. Provavelmente a resposta mais adequada envolve vários fatores, que em conjunto favoreceram esse desenvolvimento. Porém o comportamento social certamente foi um dos fatores centrais.

O QUE NOS DIFERENCIA DOS OUTROS GRANDES PRIMATAS? O QUE NOS DEFINE COMO HUMANOS?

> *O homem saiu para encontrar outros mundos, outras civilizações, sem saber nada sobre seus próprios recessos, ruas sem saída, poços e portas bloqueadas e escuras.*
> *(Stanislaw Lem, Solaris)*

Na obra de ficção científica Solaris, de 1961, o escritor polonês Stanislaw Lem nos faz questionar a definição do que é vida. Se encontrássemos em outro planeta formas de vida diferentes de como as definimos na Terra, saberíamos reconhecê-las? E indo muito além, Lem nos provoca: o que é a consciência? Saberíamos reconhecer, nesse organismo hipotético, a existência de uma consciência? Que implicações essa confirmação traria? Esses questionamentos seguem sem respostas.

Figura 9 – Divisão taxonômica dos humanos e outros grandes primatas. Perceba que os grupos são tão próximos que existem subfamílias, tribos e subtribos para acomodá-los

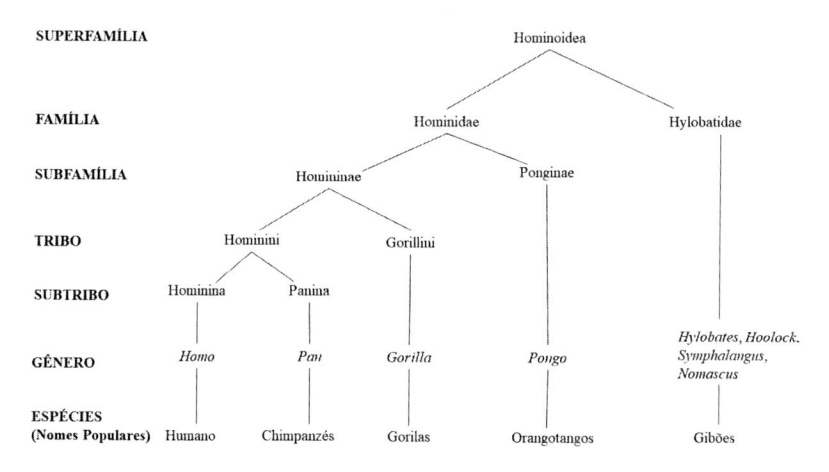

Fonte: os autores

Também na década de 1960 estavam começando a se desenvolver e aumentar em número os estudos com observação de grandes primatas em seu ambiente natural. Entre os mais famosos trabalhos estão o da primatóloga britânica Jane Goodall, com chimpanzés (*Pan troglodytes*) na Tanzânia. Esse tipo de pesquisa é fundamental, porque o comportamento dos animais em cativeiro pode mudar bastante por conta do estresse do confinamento. Observando-os na natureza, é possível notar o seu comportamento em relação ao ambiente, padrões de alimentação, interações sociais.

Diversos comportamentos que eram considerados como exclusivos da espécie humana foram registrados e minuciosamente descritos. As ferramentas foram notadas como sendo mais amplamente utilizadas do que se imaginava: folhas eram empregadas para proteger-se da chuva ou para captar água de rios, como se fossem recipientes ou esponjas; galhos eram quebrados para acessar cupins e capturar formigas em troncos de árvores; pedras eram adaptadas como bigorna para quebrar vegetais duros. Além das ferramentas, foram descritas formação de complexas interações sociais, capacidade de autorreconhecimento e possíveis tradições locais e de grupo.

Entretanto, apesar dessas descobertas[94] terem modificado as definições de humanos como "fazedor de ferramentas" e outras características já não tão exclusivas, algumas discussões seguem sobre esses temas. Há duas abordagens que podem ser o início de boas discussões. Dalgalarrondo afirma que "o aprendizado ocorre sobre um padrão instintivo que é herdado"[95]; enquanto Mithen faz outra afirmação que pode apresentar uma ideia complementar:

> Um outro processo de aprendizado social é a facilitação da resposta, no qual a presença de um membro da mesma espécie realizando uma ação aumenta a probabilidade de o animal observador fazer o mesmo. **Há uma diferença crítica entre isso e a imitação**, na medida em que essa última normalmente pressupõe que a ação é novidade, enquanto a facilitação da resposta evoca ações já existentes no repertório comportamental do animal.[96]

Uma diferença fundamental então da nossa espécie é que não apenas repetimos o que vemos outros indivíduos fazerem. Nós adicionamos unidades àquilo que aprendemos, aprimoramos, e não perdemos o

---

[94] Na verdade, muitos desses comportamentos já haviam sido registrados, mas com tais trabalhos eles foram descritos e publicados de forma minuciosa e demonstrando que não eram esporádicos, mas sim amplamente difundidos entre as espécies.

[95] DALGALARRONDO, 2011, p. 329.

[96] MITHEN, 2002, p. 146, grifos nossos.

aprendizado, tendo que começar do zero a cada geração. Isso se aplica em todos os aspectos das nossas vidas, da fabricação de ferramentas a manifestações culturais.

Doze anos após a publicação de A Origem das Espécies, Charles Darwin publicou o já citado A Origem do Homem e a Seleção Sexual[97], no qual discute algumas características que geralmente vêm à mente quando tentamos responder a essa questão do que nos caracteriza como humanos. Enumerando caracteres como autoconsciência, individualidade, senso do belo e sociabilidade, demonstra como são atributos que se encontram não apenas entre todos esses primatas, como também entre outros mamíferos e em aves. Na definição do que seria seleção sexual, ele observa que algumas características não necessariamente parecem conferir alguma vantagem diretamente para a sobrevivência dos indivíduos das espécies. Há várias questões que podem ser bastante discutidas, especialmente após um século e meio de pesquisas que foram desenvolvidas estudando os diversos grupos animais. Mas o que a obra tentava demonstrar era que a seleção natural, apresentada como principal fator da evolução das espécies na publicação de 1859, não era a única força que atuava no processo evolutivo. De fato, já discutimos sobre os diversos outros fatores envolvidos, ao longo do capítulo 3.

Uma grande "falha" nessa obra foi não considerar, na espécie humana, o peso das escolhas relacionadas às características *culturais*. Darwin desprezou eventos históricos e sociais fundamentais. Não apenas fatores biológicos e reprodutivos influenciam a escolha de parceiros na nossa espécie, mas também as preferências determinadas culturalmente, ou seja, o que é considerado belo, atraente ou mesmo vantajoso, em algum aspecto, naquele momento, naquele grupo humano. Além disso, um ponto fundamental, que começou a ser considerado especialmente nos últimos anos, é que não há um direcionamento na evolução cultural. Não há uma linearidade ou um sentido do que já foi chamado de "mais primitivo" ou "selvagem" para mais complexo ou sofisticado. O que existe são diferentes padrões de organização social, cada um com as suas próprias características culturais.

Com os estudos que se sucederam e que ainda continuam a ocorrer, pudemos testar algumas das suas sugestões. Alguns trabalhos confirmaram as suas suspeitas, como as pesquisas sobre o canto das aves. Em seu referido livro, ele apontava analogias entre o aprendizado envolvido no canto das aves e o da linguagem na espécie humana. E, de fato, pesquisas

---

[97] DARWIN, 2019. Primeira edição publicada em 1871.

atuais têm apontado semelhanças entre estruturas e funções cerebrais e comportamentais desse grupo com aquelas relacionadas à linguagem em humanos. Dedicamos, no capítulo 9, todo o espaço para uma discussão sobre a emergência da linguagem.

QUADRO 3. A TEORIA DA MENTE

Os pesquisadores Mark Flinn, David Geary e Carol Ward publicaram um trabalho[98] em que tentam discutir o porquê dos nossos cérebros grandes, apontando que essa característica teria sido gerada por um intenso trabalho de seleção natural. Fazendo uma revisão de trabalhos sobre o tema, eles sugerem que o principal fator para tais mudanças seriam as interações sociais entre os indivíduos da espécie. O desenvolvimento dessas chamadas "competências sociocognitivas" é que teria sido o principal motivo para a seleção das alterações estruturais que foram ocorrendo nos cérebros da nossa linhagem. Essa não é uma ideia nova nem recente, há décadas pesquisadores tentam compreender qual a importância do refinamento das interações sociais na evolução dos diversos grupos de primatas, incluindo os da linhagem hominínea.

A possibilidade de não apenas perceber, mas também predizer as intenções, os sentimentos e os pensamentos do outro seria um ponto fundamental para aumentar as chances de êxito em relações de competição, de formação de coalizões e de cooperação. Prever como o outro pode sentir ou se comportar diante de certas situações, inferindo o seu estado mental e a sua reação diante de situações diversas – inclusive quando essas reações podem ser muito diferentes do que seriam as suas próprias –, seria uma tentativa de leitura *do que* e *como* o outro pensa, compreendendo que é algo que se diferencia dos seus próprios padrões de pensamento. Esse seria um resumo bastante simplificado do que é chamado de "Teoria da Mente" (ToM, do inglês Theory of Mind).

Diversas pesquisas demonstram que as crianças conseguem realizar tarefas relacionadas à ToM de algum grau a partir de pelo menos três anos de idade, conseguindo atribuir estados mentais distintos para as pessoas com as quais têm contato e incorporando isso nas suas ações e comportamentos diante delas[99]. Essa capacidade se torna cada vez mais apurada ano a ano,

---

[98]   FLINN, M. V.; GEARY, D. C.; WARD, C. V. Ecological dominance, social competition, and coalitionary arms races. *Evolution and Human Behavior*, v. 26, n. 1, p. 10-46, 2005.

[99]   Ver, por exemplo, DALGALARRONDO, 2011, p. 342 e MITHEN, 2002, p. 79.

com as experiências e vivências da criança. Não se sabe quando exatamente essa capacidade apareceu na nossa linhagem, mas alguns pesquisadores especulam que ela deva ter alguma relação com a capacidade simbólica.

Nos grandes símios é possível que haja também algum grau de ToM, pois entre esses grupos, como chimpanzés e gorilas, os primatólogos registram diversas interações entre os indivíduos, que envolvem manipulação de comportamento entre os sujeitos, formação de alianças, estratégias de cooperação e reações relacionadas a eventos do passado envolvendo os indivíduos (como algum tipo de revanche ou "vingança"). Essas estratégias de comportamento e interações exigem um alto grau de observação do outro, da percepção de uma tendência em suas reações e assim especulações sobre as suas atitudes diante de variadas situações e cenários. Por exemplo: ao me aproximar de indivíduos mais tolerantes por meio de agrados, como *grooming* ou oferecendo periodicamente alimentos ou objetos que os atraiam, seria possível conseguir a sua simpatia, fazer com que eles me apoiem e me auxiliem em um cenário de disputa contra um indivíduo atualmente dominante no grupo?

Não sabemos quão refinada é essa percepção nos símios, e em até que grau. A diferença em comparação à nossa espécie é que levamos essa capacidade para todos os momentos da nossa vida, em todo tipo de interação e de atividades, ainda que de forma inconsciente.

7.1. A FABRICAÇÃO DE FERRAMENTAS: UM COMPORTAMENTO GENERALIZADO DA NOSSA ESPÉCIE

> *Com essas armas, a comida ilimitada que percorria as savanas era toda*
> *deles, para capturar quando quisessem.*
> *Mas precisavam de outros auxílios, pois seus dentes e unhas não*
> *conseguiam desmembrar prontamente nada maior do que um coelho.*
> *Por sorte, a Natureza havia fornecido as ferramentas perfeitas,*
> *exigindo somente a inteligência para que eles as apanhassem.*
> (Arthur C. Clarke, 2001 – Uma Odisseia no Espaço)

Uma resposta recorrente às perguntas "O que nos caracteriza como humanos?" e "O que nos diferencia dos outros grandes primatas?" é a utilização de ferramentas pela nossa espécie. Até mesmo alguns pesquisadores já tentaram utilizar esta definição no passado: "humano, o fazedor de ferramentas". Entretanto, como vimos, outros grupos animais também utilizam instrumentos, como aves (há anos são feitos estudos com corvos, por exemplo) e especialmente grandes primatas. Pesquisas em algumas localidades, como no Parque Nacional da Serra da Capivara (Piauí – Nordeste do Brasil), têm demonstrado inclusive que pode haver a dificuldade de diferenciar o que foi feito por grupos humanos antigos e o que foi feito por macacos, já que macacos-prego (espécie do gênero *Sapajus*) atuais já foram registrados fabricando ferramentas para quebrar frutos e sementes, cavar buracos e até mesmo para chamar atenção de possíveis parceiros sexuais, exibições de ameaça e outras interações sociais[100].

A grande inovação da nossa espécie é o uso sistemático: somos extremamente dependentes da utilização desses objetos em diversos aspectos das nossas vidas, além de utilizá-los para transformar profundamente o ambiente em que vivemos. Dessa forma, pescar, caçar, descarnar, trabalhar os alimentos (triturando, macerando, misturando com outros elementos) ou armazená-los, bem como produzir vestimentas, embarcações, refúgios e abrigos – para cada atividade das nossas vidas somos extremamente dependentes desses instrumentos.

Algumas das ferramentas mais antigas encontradas são datadas em cerca de três milhões de anos, sendo recuperadas em sítios na África, e associadas ao gênero *Australopithecus*, grupo que apresentava capacidade craniana de aproximadamente 450cm³, semelhante à capacidade craniana de chimpanzés atuais (400cm³). Além de rochas, os grupos humanos antigos utilizavam diversos materiais para elaborá-las, como madeira, galhos, folhas, ossos, dentes e chifres. Entretanto, a preservação de alguns desses materiais ao longo dos anos é bem mais difícil, o que deve reduzir extremamente o seu registro nos sítios arqueológicos. Deveria haver também uma relação de preferência de tipos a serem trabalhados, além das variações locais de material disponível, e das variações culturais. Entretanto, essas questões também são difíceis de inferir por conta dos vieses de preservação.

Os registros dessas tecnologias fornecem indícios sobre o que servia de alimento para os grupos, como eles preparavam e armazenavam esses recursos e quais partes utilizavam. Por exemplo, ao abater um animal, como faziam essa caça. Se posteriormente o descarnavam e acessavam o tutano. Ou como preparavam e guardavam os vegetais, entre outras informações. Além

---

[100] Como exemplos, ver os trabalhos FALÓTICO, T.; OTTONI, E. B. Stone Throwing as a Sexual Display in Wild Female Bearded Capuchin Monkeys, *Sapajus libidinosus*. *PLoS ONE*, v. 8, n. 11, e79535, 2013 e FALÓTICO, T.; OTTONI, E. B. The manifold use of pounding stone tools by wild capuchin monkeys of Serra da Capivara National Park, Brazil. *Behaviour*, v. 153, n. 4, p. 421-442, 2016.

disso, há pistas sobre a sua cognição, de acordo com o tipo de ferramenta que elaboravam, se era simples (formada por uma só parte) ou composta (formada por partes que tinham que ser conectadas, e às vezes cada uma feita de um material diferente), quais materiais eram utilizados e de quais tipos (se exigiam mais ou menos trabalho para serem moldados), além da diversidade de formas, tipos e, por fim, se alguns apresentavam algum tipo de marcação individual ou de identificação de grupo.

O arqueólogo estudioso da pré-história africana John Desmond Clark criou uma classificação para os conjuntos de ferramentas líticas produzidas por hominínios, determinando cada categoria de acordo com a presença de artefatos característicos nos sítios. Essas categorias aparecem em sequência ao longo do tempo, porém podem se sobrepor, com formas antigas coexistindo com as formas mais tardias. Por esse motivo, não representam uma descrição do período arqueológico no tempo, mas sim de sua presença nos sítios e, portanto, dos registros de sua utilização. Os estágios ocorrem em períodos distintos na África e na Eurásia, talvez refletindo as mudanças culturais que ocorriam na África, sendo levadas pelas populações hominíneas durante suas migrações para a Eurásia.

Categorizar de forma geral as indústrias de fabricação de ferramentas é um trabalho difícil porque há bastante variação ao longo do tempo e em cada lugar do mundo. Assim, há categorias que não ocorrem em todas as regiões, e muito menos simultaneamente em todo o planeta. Além das peculiaridades encontradas em diferentes sítios e regiões, há o grave problema de, muitas vezes, haver uma tendência de um ponto de vista eurocêntrico, que muitas vezes ainda deixa de lado a questão central do surgimento da nossa espécie, e do humano com comportamento moderno, a partir do continente africano. Havendo um cuidado para não ignorar ou minimizar essas informações centrais, as divisões culturais em categorias podem ser úteis didaticamente, e servirem como uma base para se iniciarem estudos pormenorizados e criteriosos. As categorias ou períodos culturais apresentados por Clark tentam estabelecer uma relação entre os sítios africanos e euro asiáticos. Eles estão esquematizados na figura 10 (reforçamos que, no caso das divisões dos tipos de indústrias líticas, elas categorizam padrões de técnicas de produção desses instrumentos e não marcações temporais ou de qual espécie as fabricou).

- A tecnologia de Modo I engloba ferramentas simples, obtidas com a retirada de lascas a partir de um seixo;

- A tecnologia de Modo II inclui ferramentas mais elaboradas, tanto na construção da ideia quanto na fabricação em si, como exemplo dos *choppers* bifaciais;

- No Modo III, grandes núcleos passam pela retirada prévia de grandes lascas, e após esse molde são retiradas lascas que passam a ser aperfeiçoadas, originando diversos artefatos;

- No Modo IV, um núcleo de pedra é preparado e depois origina lâminas finas;

- O Modo V é caracterizado pela "tecnologia microlítica"[101], composta de artefatos bem elaborados, de forma delicada e incluindo pequenos tamanhos em comparação às demais indústrias.

No norte da África e na Eurásia, as culturas líticas que precedem o Neolítico são as culturas Paleolíticas, divididas em Paleolítico Inferior, Paleolítico Médio e Paleolítico Superior. Lewin afirma que essa divisão tenta seguir uma evolução cultural, e embora tenha esses estágios bem definidos na Eurásia, na África parece associada a um fluxo mais contínuo de desenvolvimento.

Figura 10 – Divisão dos períodos culturais na história dos hominídeos, com uma tentativa de correspondência entre as suas ocorrências na África e na Europa

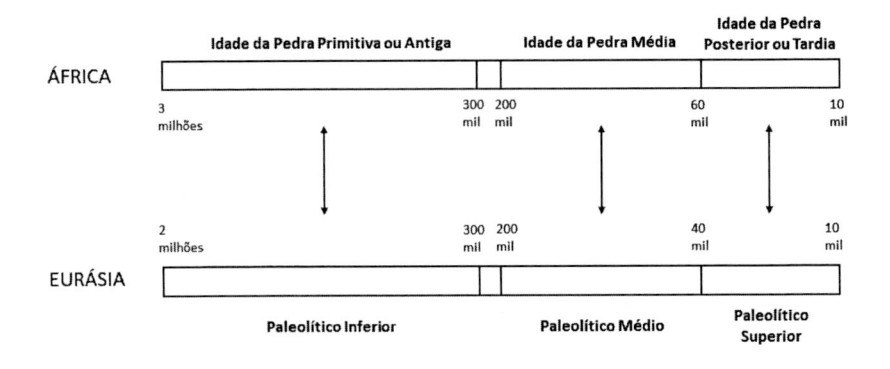

Fonte: os autores

---

[101] LEWIN, 1999, p. 310.

A tecnologia Olduvaiense (Modo I) foi definida de acordo com os conjuntos de artefatos encontrados na camada I e na parte inferior da camada II na Garganta de Olduvai, na Tanzânia, e é composta de lascas de quartzo ou de rocha vulcânica. Lewin[102] aponta que, na década de 80, o trabalho do arqueólogo Nicholas Toth demonstrou que, contrário ao se pensava, não eram os seixos em formato de poliedros ou esferoides que eram utilizados, mas sim as lascas retiradas deles (*choppers* e *chooping-tool*). Ou seja, os poliedros e esferoides encontrados nesses sítios arqueológicos na verdade eram seixos ou blocos de matéria-prima esgotados, e que obtinham essas formas de acordo com a sua forma inicial e de quanto fossem trabalhadas. O trabalho de Toth demonstra que provavelmente a intenção era criar bordas cortantes, e esses núcleos ocasionalmente poderiam ser utilizados como batedores, macerando os ossos e dando acesso ao tutano. "[...] O lascamento é um processo de redução mais que de construção, e exige uma mudança constante de planos em razão da imprevisibilidade das fraturas."[103]

Algumas das ferramentas mais antigas encontradas datam de cerca de 2,6 milhões de anos, sendo atribuídas a *Australopithecus garhi*. Na mesma camada geológica em que foram encontrados *A. ghari* e suas ferramentas, foram encontrados vários ossos de antílope quebrados e parcialmente descarnados. Alguns autores apontam que, com o processo de savanização da África, havia dois principais problemas para os hominínios quanto à obtenção de alimento rico em energia e proteínas: como abater os grandes mamíferos, que constituíam a fauna de pastadores (gazelas, antílopes, zebras) e como competir com os demais animais da savana, tais como abutres, hienas, chacais e grandes felinos. A produção sistemática de lascas acabava por resolver esses dois problemas, inclusive permitindo acesso a um novo nicho, com o aproveitamento de carniças já abatidas pelos grandes felinos. Para esses autores, no caso da fixação da capacidade de fabricar e utilizar ferramentas líticas, uma das principais pressões seletivas teria sido, portanto, o acesso à proteína animal. Ainda que bastante simples, as lascas representaram uma revolução tecnológica, permitindo um acesso mais eficiente aos recursos alimentares; ou seja, enriquecendo e garantindo uma fonte rica em energia, o que foi decisivo para uma maior expansão do cérebro.

Uma próxima inovação tecnológica foi a indústria Acheulense, com as ferramentas mais antigas datadas de cerca de 1,7 milhão de anos, encontradas na região oeste de Turkana, no norte do Quênia e associada a *Homo*

---

[102] *Idem.*

[103] LEWIN, 1999, p. 225.

erectus. O professor de Paleoantropologia Richard Klein e o editor científico Blake Edgar afirmam que certamente as ferramentas desse período originaram-se das olduvaienses, com as formas mais antigas de machado de mão assemelhando-se, em técnica de trabalho do núcleo, às olduvaienses tardias[104]. Essa nova indústria inclui ferramentas maiores, as bifaces, conhecidas como cutelos e machados de mão, que requeriam uma habilidade cognitiva maior que na indústria Olduvaiense, com passos mais complexos e coordenados quanto à concepção do produto final e à produção das ferramentas, controlando o tamanho e o formato das lascas. Além disso, com o tempo, os machados de mão foram ficando cada vez mais refinados, com uma preocupação de uma preparação mais detalhada do núcleo, em uma técnica conhecida como *Levallois*.

Klein e Edgar[105] citam o arqueólogo Thomas Wynn, que afirma que a capacidade de conferir uma simetria bidimensional, mesmo que primitiva, a um machado de mão representa um avanço cognitivo sobre os lascadores de Olduvan, e a simetria encontrada nessas ferramentas sugere que a ferramenta era pensada anteriormente, quando ainda era apenas uma matéria-prima. Assim como o Olduvaiense, o Acheulense também é caracterizado por uma estabilidade tecnológica, que durou um tempo bastante longo. Por meio de estudos de microuso, ficou evidente que os machados de mão eram utilizados para diversas funções, em materiais como carne, osso, madeira e couro, sendo considerados o "canivete suíço do Paleolítico Inferior"[106]. Entretanto, os autores lembram que o Acheulense, apesar de tantas diferentes funções, assim como o Olduvaiense também consistia de poucos tipos de artefatos, e igualmente durou um longo tempo (pelo menos um milhão de anos). O fim dessa indústria ocorreu entre 300 e 200 mil anos atrás, e marca o fim do Paleolítico Inferior e o início do Paleolítico Médio (Modo III), um período que durou de 300 mil a 40 mil anos, e é caracterizado por indústrias com um número bem maior de ferramentas (cerca de quatro vezes mais o encontrado até então), e o início de uma grande inovação técnica. Vários recursos alimentares puderam ser mais explorados, como frutas, vegetais, sementes e alimentos vindos do mar.

Na indústria Mousteriense, que é uma das indústrias características do Paleolítico Médio, as técnicas de preparação do núcleo predominam na fabricação de ferramenta; e essas técnicas, incluindo a Levallois, são muito

---

[104] KLEIN, R. G.; EDGAR, B. *O despertar da cultura*: a polêmica teoria sobre a origem da criatividade humana. Rio de Janeiro: Jorge Zahar, 2005.

[105] *Idem*.

[106] *Ibid.*, p. 348.

mais econômicas que as anteriores quanto ao aproveitamento da matéria-prima, permitindo que mais centímetros de borda útil sejam fabricados para cada quilo de núcleo. Lewin[107] argumenta que, além disso, as lascas produzidas podiam também ser mais trabalhadas, gerando aproximadamente 40 tipos de instrumentos distintos, com funções distintas, de perfuração, corte ou raspagem.

No Paleolítico Superior (Modo IV), a maioria das indústrias era caracterizada por lâminas produzidas também a partir de núcleos preparados. Entretanto, há uma maior padronização na forma das ferramentas, o que indica que havia um plano mental e uma maior habilidade de manipulação. As lâminas são diferentes das lascas por serem pelo menos duas vezes mais longas que largas, e requerem bastante habilidade e tempo na preparação do núcleo utilizado para sua confecção. Nesse período, uma inovação importante foi a utilização também de outras matérias-primas, como osso, marfim e chifres. Dessa forma, as indústrias do Paleolítico Superior seriam caracterizadas por evidenciarem um marcante senso de planejamento, com a confecção de ferramentas com uso direcionado. Além disso, nesse período, iniciado há 40 mil anos, além do aproveitamento de materiais antes raramente utilizados e das variações estilísticas, acentuam-se evidências de outras inovações: a matéria-prima passa a ser transportada por longas distâncias, os assentamentos passam a ser maiores que os anteriormente conhecidos e aparecem expressões artísticas, como ornamentações no corpo, objetos esculpidos e objetos e locais pintados. Lewin utiliza essas observações de desenvolvimento e mudanças das ferramentas para inferir sobre possíveis mudanças no próprio comportamento das populações humanas ao longo do tempo. Ele lembra que essa descrição e comparação das indústrias de ferramentas do Paleolítico Médio e do Paleolítico Superior refletem a perspectiva da maioria dos pesquisadores até recentemente, que acreditam que a transição entre os estágios mais antigos e os mais tardios foi bastante rápida, constituindo o aparecimento dos humanos modernos, há aproximadamente 40 mil anos. Dessa forma, a transição do comportamento desses hominínios teria sido revolucionária, o que justificaria, para alguns autores, que esse seja um período chamado de "a explosão do Paleolítico Superior", evidenciando uma alteração quase abrupta, e não gradual, de comportamento, com manifestações simbólicas ocorrendo em diversas partes do mundo, em uma abundância não observada até então. De acordo com as análises do registro fóssil, essas alterações teriam

---

[107] LEWIN, 1999.

ocorrido de forma independente da evolução da morfologia moderna, já que hominínios anatomicamente semelhantes a nós já deveriam existir há pelo menos 200 mil anos. Essa é uma das teorias sobre as mudanças no comportamento das populações humanas modernas, como tentaremos demonstrar no próximo capítulo.

A fabricação de ferramentas permitiu acesso a mais carne e outros nutrientes altamente energéticos, como o tutano. Sítios paleoantropólogos indicam que outras espécies também fabricaram ferramentas, como o *Australopithecus garhi*. Entretanto, no nosso caso, algo aconteceu que nos permitiu fabricar ferramentas ainda melhores ao longo do tempo (apesar dos longos períodos de aparentemente menores variações nas indústrias) e que permitiu um aumento significativo do cérebro do nosso gênero, o *Homo*. Apesar de ser difícil medir a eficiência da caça, alguns métodos tentam fazer essas medições, como estudar os ossos de outros animais encontrados nos sítios e comparar o número que apresenta marcas de ferramentas que poderiam ter sido utilizadas para abater os animais, e comparar com o número de ossos com marcas de predação por outros carnívoros, que nesse caso pode indicar que o animal foi abatido por outro predador, e os hominíneos utilizaram técnicas de rapinagem ou aproveitaram o que sobrou de carne e nutrientes. De qualquer forma, importa também a eficiência das ferramentas quanto à possibilidade não apenas de caça, mas de obter e acessar esses nutrientes e quem sabe até processar o alimento antes da ingestão.

Além dessas funções, a fabricação e o aperfeiçoamento de ferramentas nos auxiliam também a afastar os possíveis predadores, nos abrigar de forma mais eficiente e nos proteger um pouco melhor. Por exemplo, desenvolvendo armadilhas, instrumentos para afugentar predadores e habitações que nos deixassem menos expostos. De fato, já foram recuperados restos de hominídeos com marcas que aparentam ser de dentes e mordidas em seus ossos[108]. É o caso do SK54, um fóssil de um australopitecíneo jovem, escavado em 1949 em Swartkrans, na África do Sul. SK54 apresenta duas perfurações no crânio que se encaixam quase perfeitamente no formato de caninos de leopardos, que devem ter segurado o jovem entre os seus dentes e o levado a um sítio de alimentação. Esses registros fósseis indicam que nós éramos presas de grandes felinos, crocodilos e talvez até de aves de rapina.

---

[108] Alguns desses casos estão documentados, e com ilustrações de possíveis reconstruções do ocorrido, no livro clássico BRAIN, C. K. *The hunters or the hunted?* An introduction to African cave taphonomy. Chicago: University of Chicago Press, 1981.

Não é tão difícil imaginar tais acontecimentos quando vemos estudos com primatas atuais que demonstram que várias espécies são predadas por aves, ursos, felinos, grandes répteis e outros primatas. Novamente lembramos que não somos seres à parte, nós fazemos parte do ambiente, assim como outros animais.

7.2. ENTÃO, MAIS UMA VEZ: O QUE NOS DIFERENCIA DOS OUTROS GRANDES PRIMATAS?

> *I'm alive and vivo, muito vivo, vivo, vivo*
> *Feel the sound of music banging in my belly*
> *Know that one day I must die*
> *I am alive*
> *I'm alive and vivo muito vivo, vivo, vivo*
> *(Caetano Veloso, Nine Out of Ten)*

Ao escrever o álbum Transa[109], o cantor e compositor brasileiro Caetano Veloso estava exilado de seu país, em um momento sombrio da história brasileira. Afastado forçadamente, o artista descobria novos lugares, ritmos e cores. Essa obra parece ilustrar bem os momentos em que sentimos, percebemos o que sentimos, e temos muitas vezes a necessidade de descrever, compreender e expressar esses sentimentos. É muito interessante que, mesmo com a mistura de idiomas, a sonoridade e o ritmo conseguem nos transmitir as sensações do autor, maravilhado com as novas experiências, apesar da sensação conflitante de estar exilado, afastado do seu local de origem, das pessoas e lugares que lhe eram familiares.

Não sabemos ao certo quando começamos a produzir música. No caso dos instrumentos musicais, materiais como madeira são difíceis de preservar, sendo facilmente degradados pela ação do clima e perdidos ao longo do tempo. Os registros mais antigos até atualmente são flautas feitas de ossos de aves e de marfim de mamute, materiais mais resistentes que a madeira, mas ainda assim encontrados bastante fragmentados. Por esse motivo, geralmente essas peças passam por reconstituições, com a utilização de modelos e de réplicas para testar como seriam os sons que eles poderiam emitir, além da tentativa de reprodução das técnicas de sua fabricação. Dessa forma, temos os registros de possíveis apitos, chocalhos e especialmente flautas, encontrados em sítios de diversos lugares do mundo, que chegam a pelo menos 40 mil anos.

---

[109]   VELOSO, C. *Transa*. Londres: Philips, 1972. 1 álbum (37 min 13 seg).

Algumas das mais antigas flautas já registradas foram encontradas na caverna Geissenkloesterle, no Sudoeste da Alemanha, na década de 1970. Trata-se de duas flautas fragmentadas, datadas de cerca de 42 mil anos. Uma delas foi elaborada com ossos de cisne (provavelmente, rádio da espécie *Cygnus cygnus*). Como até os anos seguintes essa espécie não havia sido encontrada em sítios paleontológicos da região, os autores chegaram a propor que a flauta pudesse ter sido confeccionada em outra região, e depois carregada com os membros da população em seus deslocamentos.

Figura 11 – Flauta encontrada em Geissenkloesterle, no sudoeste da Alemanha, datada de cerca de 40 mil anos

Fonte: imagem modificada de https://commons.wikimedia.org/wiki/File:Floete_Schwanenknochen_Geissenkloesterle_Blaubeuren.jpg
Foto por Thilo Parg, disponibilizada na Wikimedia Commons, sob a licença CC-BY-SA-3.0

Utilizamos os registros de instrumentos para marcar a evidência de musicalidade porque é uma forma direta de confirmação da produção de música pelos humanos. Entretanto, é bem provável que ela seja mais antiga do que apontam os instrumentos que já encontramos. E alguns autores tentam relacioná-la a evidências indiretas, inclusive recuperando em pinturas rupestres o que poderiam ser movimentos de dança ou que pareçam fazer alguma referência a ritmos. Para esses autores, a música e a dança, por exemplo, podem ter aparecido quase em conjunto. Sobre isso, Dalgalarrondo diz:

> Além disso, música, dança e ritual possivelmente nasceram e estiveram juntos na maior parte do tempo, na história humana. A separação entre dança e música, tal como se observa em parte nas sociedades atuais, parece ser um artefato etnocêntrico da cultura ocidental. A evidência etnográfica é de que, nas culturas humanas estudadas, a música e a dança conformam uma única experiência, uma totalidade não decomponível. Em todos os estilos musicais, o corpo produz música e as ações corporais são codeterminantes da melodia e do ritmo. A conexão entre música e movimento é tão forte que mesmo a escuta passiva de música ativa áreas do cérebro associadas ao comportamento motor.[110]

Dessa forma, considerando que encontramos evidências de produção de música em tantos lugares do mundo a partir de 40 mil anos, é bastante provável que essa habilidade tenha se desenvolvido ao menos desde os humanos de comportamento moderno, sendo levada por eles ao se espalharem por todo o planeta.

Não apenas evidências de música passam a ser evidentes nesse período de 40 mil anos atrás. Com essa mesma datação aproximada, encontramos pinturas em cavernas e abrigos, esculturas, gravuras em rochas e vários outros vestígios de comportamento simbólico, indicando que algo de extrema relevância ocorreu nos cérebros e no comportamento desses hominínios. O comportamento simbólico, com manifestações por meio de pinturas, esculturas, enterros rituais com deposição de flores e objetos pessoais, perfurações ornamentais em conchas, possivelmente para confeccionar colares ou outros adornos, ou mesmo mais "básicos", como inscrições de pequenos traços em ferramentas, as individualizando, apenas é encontrado entre a nossa linhagem hominínia, e em maior volume e origem comprovada nos sítios da nossa espécie. Atualmente, essa capacidade é difundida e utilizada em todos os aspectos de nossas vidas. Todas as populações do mundo fazem música, têm tradições culturais específicas, desenvolvem peças de teatro e encenações e têm formas características de arquitetura nas suas construções e embarcações.

---

[110] DALGALARRONDO, 2011, p. 266.

Até então, apesar de todas as pesquisas que temos feito com os demais grandes primatas e outros grupos animais, não encontramos comprovação de elaboração de comportamento simbólico de forma estruturada, transmitida ao longo das gerações e com adição de novas unidades ao longo do tempo. Assim, de fato, essa seria a grande diferença entre os humanos e as demais espécies animais, mesmo entre outros mamíferos e entre os nossos parentes mais próximos, os grandes primatas, como chimpanzés e bonobos.

8

CAPACIDADE SIMBÓLICA: A "EXPLOSÃO CRIATIVA" DO PALEOLÍTICO SUPERIOR

> *Ao observar o mundo hostil do Pleistoceno, já havia alguma coisa em seu olhar [...] havia uma consciência nascente – os primeiros indícios de uma inteligência que talvez ainda não se concretizasse por eras, e em pouco tempo poderia estar extinta para sempre.*
> (Arthur C. Clarke, 2001 - Uma Odisseia no Espaço)

Na Europa, os estudos dos sítios arqueológicos demonstram enormes diferenças entre cada um desses períodos paleolíticos apresentados no capítulo anterior, e levam a evidências de uma mudança acentuada, especialmente há aproximadamente 40 a 50 mil anos. Essa revolução coincide com a chegada dos humanos modernos na região, trazendo outra tradição cultural, a Aurinhacense, caracterizada por tecnologia baseada em lâminas, de materiais como marfim, chifres e ossos. Esses materiais também eram utilizados na fabricação de ornamentos para o corpo, e esses ornamentos, além de diversos artefatos, indicam intercâmbio entre os grupos, e seu contato a longa distância (conchas e rochas oriundas de locais distantes), além de instrumentos musicais, como flautas simples feitas de ossos, e as esculturas e os entalhes.

Como as famosas estatuetas chamadas de "Vênus", que retratam imagens femininas corpulentas, com medidas ressaltadas de seios, nádegas, vulva e abdômen. Esculpidas em materiais como marfim de mamute e diversas rochas, até atualmente já foram encontradas mais de 200 estatuetas e possíveis estatuetas (ainda em estudo) espalhadas por toda a Europa, datando de até 40 mil anos. Várias teorias já foram elaboradas na tentativa de explicar o significado dessas esculturas. Elas poderiam estar relacionadas a rituais de fertilidade ou reprodução. Poderiam representar um desejo por abundância de alimentos em tempos de escassez, em que acumular gordura seria na realidade uma grande dificuldade para os grupos. E há também a teoria de que as estatuetas seriam esculturas feitas por mulheres da forma que elas viam seus corpos ao se observarem em algumas posições. Nesse caso, representaram-se do modo como elas mesmas se viam ou gostariam de se ver, mas partindo da própria visão de seus corpos. É provável que as estatuetas tivessem uma combinação de dois ou mais desses motivos ao serem elaboradas. E talvez até uma variedade de significados, de acordo com o grupo que as criou. A percepção de si mesmo e sua integração com o ambiente, além do desenvolvimento de desejos, crenças e expectativas pode ter levado a mente humana moderna à elaboração de objetos simbólicos que representassem essa complexidade.

Figura 12 – Alguns dos exemplos mais antigos das estatuetas conhecidas como Vênus, encontradas em sítios europeus datados do Paleolítico Superior

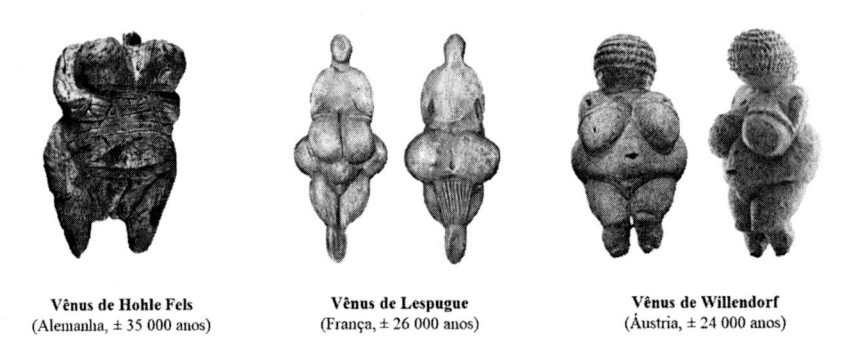

Vênus de Hohle Fels
(Alemanha, ± 35 000 anos)

Vênus de Lespugue
(França, ± 26 000 anos)

Vênus de Willendorf
(Áustria, ± 24 000 anos)

Fonte: montagem elaborada pelos autores com imagens de livre acesso disponíveis na internet

Em The Limits of Natural Selection as Applied to Man, de 1871, Wallace questionou por que os humanos teriam desenvolvido a capacidade de desenvolver feitos intelectuais, tais como ciência, arte e filosofia, já que, provavelmente, no início do seu desenvolvimento não havia oportunidade para exercitá-los, nem utilidade dentro do modo de vida dos homínios. E, assim, não haveria como a seleção natural agir nesses âmbitos abstratos, já que, no início, eles não levariam a vantagens de sobrevivência e repro-dução diferencial. Esses questionamentos ficaram conhecidos como "O Problema de Wallace".

Em *The cognitive niche: Coevolution of intelligence, sociality, and language*[111], o psicólogo e linguista canadense Steven Pinker sugere duas hipó-teses que, em conjunto, poderiam ajudar a responder a essa questão: uma

---

[111] PINKER, 2010.

delas é a de nicho cognitivo, que debate a evolução dos seres humanos como tendo a sobrevivência extremamente ligada à modificação do ambiente, utilizando comportamentos de cooperação social e raciocínio causal. Outra hipótese propõe que as capacidades psicológicas que evoluíram nesse âmbito foram sendo agregadas a outros domínios, por meio de processos de abstração e de criatividade, sendo características encontradas fortemente na linguagem, por exemplo. A evolução dos hominínios, dessa forma, estaria muito relacionada a uma especialização voltada à cognição, consistindo em raciocínio sobre a estrutura causal do mundo, cooperação com outros indivíduos, compartilhamento de conhecimento e negociação de comportamento e acordos por meio da linguagem. A explicação do autor é que essas adaptações do nicho cognitivo seriam, de fato, vantajosas em qualquer ambiente. E, indo além, esses esquemas cognitivos e emoções sociais que evoluíram para um domínio passaram a ser aplicados a outros domínios e reunidos em estruturas mentais cada vez mais complexas.

Essa é uma das possíveis explicações sobre o que teria levado à mudança comportamental que caracteriza os humanos modernos. Pretendemos evidenciar aqui duas outras teorias, das quais derivam algumas mais específicas e que são aprimoradas à medida que novas evidências fósseis e simbólicas em sítios arqueológicos vão sendo descobertas e estudadas.

8.1. MUTAÇÕES E O CÉREBRO MODERNO

> Assim, o nosso bem-sucedido processo de evolução e a rica sucessão de culturas dos tempos posteriores podem ter sido resultado não tanto de qualidades físicas ou de armas intimidadoras, e sim da capacidade intelectual para conceber, criar e comunicar-se por símbolos.[112]

Os já citados Richard Klein e Blake Edgar afirmam que a utilização das ferramentas líticas se tornou uma grande vantagem sobre aqueles indivíduos e grupos que não faziam uso delas, permitindo que os que conseguiam utilizá-las crescessem rapidamente em número[113].

Os primeiros hominínios que descobriram formas adequadas de trabalhar um núcleo de pedra fabricando lascas teriam obtido, na verdade, formas de aproveitar melhor a carne de caça ou das carcaças que encontravam. Além de usar pedras pesadas para quebrar os ossos e retirar o tutano,

---

[112] KLEIN; EDGAR, 2005, p. 14.

[113] *Ibid.*

extremamente nutritivo e gorduroso, o que "imita" os pré-molares afiados de animais como hienas. Dessa forma, reforçando as suas características anatômicas com as ferramentas, os hominínios criaram uma "interação evolutiva entre o cérebro e o comportamento, que culminou na capacidade que o homem moderno tem de se adaptar a uma série de condições apenas fazendo uso da cultura"[114].

> A cultura fornece um modo vantajoso e inigualável de adaptação às mudanças ambientais. As inovações culturais podem ser acumuladas muito mais rapidamente do que as mutações genéticas, e as boas ideias podem espalhar-se tanto horizontalmente, pelos povos, quanto verticalmente, pelas gerações.[115]

Como discutimos, os primeiros mamíferos provavelmente eram noturnos, e seus cérebros foram sendo selecionados para um maior tamanho, de forma a processar e integrar informações recebidas pelos diversos sentidos (audição, visão, tato e olfato), na procura de alimento e abrigo. Especialmente no grupo dos primatas, a encefalização (proporção entre o tamanho do cérebro e a massa corporal) continuou a ocorrer; e em humanos isso se torna bastante evidente, com o cérebro sendo seis vezes maior que se esperaria com base na relação do tamanho cerebral e corporal em outros mamíferos. Tal aumento traz benefícios óbvios, mas também requer bastante gasto energético, com o cérebro, que representa apenas 2% do peso corporal, consumindo aproximadamente 20% das fontes metabólicas do organismo. Além disso, há as restrições relacionadas ao nascimento, já que por conta das complicações da passagem do feto, o período da gestação humana dura cerca de três meses a menos do que seria necessário para que os recém-nascidos fossem menos dependentes de cuidado parental. Por conta disso, os filhotes nascem ainda bastante imaturos, e o seu desenvolvimento se dá com um contato bastante prolongado com os pais e outros indivíduos do grupo. Esse contato e o aprendizado advindo dele influenciam e moldam acentuadamente boa parte do comportamento, além de propiciar grande desenvolvimento da sociabilidade.

As vantagens adaptativas de um cérebro maior certamente foram maiores que os custos que esse desenvolvimento requer. O pesquisador Harry Jerison afirma que o benefício geral deve estar relacionado à capacidade de "acumular novos comportamentos"[116]. De acordo com ele, a função principal

---

[114] *Ibid.*, p. 55.

[115] *Ibid.*, p. 24.

[116] JERISON, H. J. Adaptation and preadaptation in hominid evolution. *In:* TOBIAS, P. V. *et al.* (org.). *Humanity from African Naissance to Coming Millennia.* Joanesburgo: Witwatersrand University Press, 2001. p. 373-378.

do cérebro, em especial do córtex cerebral, é construir um modelo mental do mundo, a fim de integrar a enorme carga de informações que recebe, além de ser a "base biológica da mente". Em primatas, o aumento do tamanho do cérebro corresponde em boa parte à expansão do isocórtex, que é onde ocorre a associação complexa de várias diferentes áreas; nos humanos corresponde a 80% do volume do cérebro, e está relacionado a funções cognitivas ligadas ao raciocínio, à concepção de futuro, à resolução de problemas complexos e à linguagem. Dessa forma, ele afirma que a expansão acentuada do cérebro, observada especialmente a partir de 600 mil anos atrás, aumentou o volume de informações que o cérebro humano consegue processar, o que permite desenvolver modelos mentais mais elaborados, e talvez uma das grandes consequências dessa expansão tenha sido o desenvolvimento da linguagem humana. Klein e Edgar[117] sugerem que, se o tamanho do cérebro humano chegou a proporções como as atuais, não muito depois desses 600 mil anos, e, no entanto, as evidências indicam que o comportamento completamente moderno (o "despertar da cultura humana") só surgiu há cerca de 50 mil anos, as mudanças ocorridas nesse período provavelmente envolvem uma mudança neurológica, confinada à estrutura cerebral.

Eles sugerem que a explicação mais simples e mais parcimoniosa para essa mudança, o que levou ao "despertar", deve ter sido uma mutação ou um conjunto de mutações, que levou ao cérebro completamente moderno.

> Após o "despertar", no entanto, a forma humana permaneceu notavelmente estável, enquanto as mudanças comportamentais se aceleraram de maneira dramática. No espaço de menos de 40 mil anos, revoluções culturais se acumularam, passando a humanidade da situação de grande mamífero relativamente raro para algo semelhante a uma força geológica.[118]

Eles citam três observações para justificar suas ideias:

- A primeira é a sugestão de que as pressões seletivas que levaram a um cérebro mais eficiente foram as mesmas que orientaram a maior parte dos passos da evolução humana; as inferências são feitas por meio das evidências de modificações no comportamento.

- A segunda observação é que o aumento dos cérebros e das conexões neurais provavelmente acompanhou modificações comportamentais e ecológicas muito anteriores, tais como o aparecimento

---

[117] KLEIN; EDGAR, 2005.

[118] *Ibid.*, p. 8.

dos artefatos de pedra, a expansão humana para áreas abertas, o desenvolvimento das indústrias de ferramentas e a posterior ocupação permanente da Europa.

• A terceira observação refere-se às mudanças morfológicas e às mudanças comportamentais, que parecem perder a relação há cerca de 50 mil anos. Durante a evolução humana parecia haver uma correspondência entre mudanças anatômicas e modificações comportamentais, até que nesse período a anatomia permaneceu relativamente estável, enquanto a mudança comportamental se acelerou de forma muito rápida. Essa mudança genética (neural especificamente, segundo essa proposta) ocorrida há 50 mil anos permitiu uma capacidade até então não encontrada de adaptação a uma extensa gama de circunstâncias naturais e sociais, e sem mudanças fisiológicas, mas sim tecnológicas e culturais. Evidência da sua hipótese seria o fato de que hominínios já haviam chegado ao tamanho cerebral moderno ou semimoderno bastante tempo antes (cerca de 200 mil anos antes) e, entretanto, apenas há 50 mil anos essa alegada explosão criativa ocorreu.

> Após o período de 50 mil anos, a evolução anatômica cessou, enquanto a revolução comportamental se acelerou de forma acentuada. Pela primeira vez havia desabrochado entre os seres humanos a capacidade para a produção de cultura, baseada numa quase infinita aptidão para inovar. Eles acabavam de desenvolver a capacidade sem precedentes de se adaptar ao ambiente, não pela anatomia ou fisiologia, mas pela cultura. A evolução cultural começou a seguir sua própria trajetória, tomando o caminho mais rápido.[119]

Entretanto, os próprios autores muitas vezes, durante a sua obra, deixam claro que, apesar de ao se falar em manifestações simbólicas antigas a maioria das pessoas pensarem nas cavernas europeias, como as pinturas rupestres em Lascaux e Chauvet, na verdade esse "despertar" cultural não apareceu primeiro na Europa. Os sítios mais antigos encontram-se em localidades da África e da Ásia, com datações bem superiores a esses 40 mil anos europeus, chegando a mais de 80 mil e talvez superior a 100 mil[120]. Apesar disso, eles defendem a ideia de revolução ou explosão mesmo

---

[119] KLEIN; EDGAR, 2005, p. 19-20.

[120] Como sugestões para esse tema, ver os trabalhos de Henshilwood (2002), Henshilwood *et al.* (2018) e Brumm *et al.* (2021).

assim, pois levam em conta a quantidade de registros, que aumenta muito, em número e diversidade, por todo o planeta. Além disso, eles questionam bastante alguns desses registros mais antigos.

Na verdade, o aumento desse tipo de registro nos últimos anos tem colocado em questão a ideia de uma mudança completamente revolucionária comportamental, que teria ocorrido apenas na nossa espécie. Acumulam-se evidências de que a ideia de uma "explosão" talvez seja um mito, pois as manifestações simbólicas parecem ocorrer há pelo menos 80 mil anos, em sítios como a caverna de Blombos, na África do Sul. É possível, portanto, que essa característica tenha aparecido anteriormente à nossa espécie, estando presente não apenas nos humanos, mas talvez inclusive em um ancestral comum como o *H. neanderthalensis*. Esse ainda é um debate polêmico, veremos um pouco mais sobre ele adiante.

Nos fósseis, é possível estimar o volume do cérebro por meio de medições da caixa craniana quando essa é recuperada. As medidas são feitas considerando que, em geral, o cérebro dos mamíferos costuma ocupar quase todo o espaço da caixa, ficando bem ajustado. É por esse motivo que, em alguns casos, é possível tentar utilizar técnicas que evidenciem as marcas de estruturas e regiões do encéfalo que porventura tenham se preservado na superfície interna do crânio. Como discutimos no capítulo 5, não apenas o tamanho (seja absoluto ou relativo) do cérebro deve ser considerado para fazermos inferências sobre cognição. O número de sulcos e giros, a estrutura celular do córtex cerebral, as interconexões que ocorrem entre as regiões do encéfalo e entre elas e as estruturas dos organismos, bem como o processamento das informações que circulam entre elas, todas essas características devem ser consideradas nos estudos sobre níveis de cognição das espécies hominíneas. Por mais que tenhamos desenvolvido algumas técnicas diretas para tentar realizar essas estimativas utilizando as informações obtidas nos fósseis – alguns desses estudos por vezes são chamados de "paleoneurologia" –, ainda há muitas perguntas sobre detalhes dessas características. Por esse motivo, utilizamos com grande destaque também as informações indiretas, encontradas nos sítios arqueológicos atribuídos a cada espécie, tais como ferramentas e como elas eram elaboradas – a partir de que tipos de materiais, utilizando quais técnicas, para que objetivos –, indicações de desenvolvimento de capacidade simbólica, de linguagem, de domesticação de animais e de plantas.

Seguindo o pensamento exposto por Klein e Edgar, justamente as alterações nos padrões de comportamento é que teriam permitido aos grupos humanos enfrentarem melhor as adversidades do ambiente, enfrentando mais habilmente momentos de escassez de alimentos, de temperaturas extremas ou de conflitos entre os indivíduos. De acordo com eles, outras possíveis tentativas de explicação do comportamento moderno, como aumento demográfico radical ou alterações nas interações sociais, na verdade estariam invertendo a ordem das ocorrências, já que seriam fruto das mutações genéticas que levaram às mudanças comportamentais, e não causa delas. De fato, as interações sociais mais elaboradas (com símbolos organizando e apresentando ideias e pensamentos) permitiriam uma comunicação mais eficiente entre os indivíduos, que assim teriam mais possibilidades de resolver conflitos, formar alianças, organizar caças e buscar alimentos, água e abrigo. A modificação do ambiente por meio de elaboração de ferramentas que permitissem acesso mais aprofundado dos recursos (caçar animais com mais eficiência, acessar mais carne e tutano, recipientes para guardar sementes, folhas ou outros materiais vegetais ou para processar alimentos) ou com fabricação de vestimentas, proteção para os pés, com tipos de calçados, desenvolvimento de algum tipo de arquitetura, com construção de abrigos, além de, mais tarde, algum tipo de manejo de plantas e animais, permitiria certa estabilidade da população mesmo em momentos mais difíceis, como uma seca extrema ou períodos glaciais. Por outro lado, em momentos de "estabilidade" do ambiente, seria possível inclusive um aumento demográfico radical, com estabelecimentos de complexas interações sociais, entre indivíduos do mesmo grupo ou de grupos diferentes.

O grande problema dessa hipótese discutida por Klein e Edgar é que quase certamente há diversos genes, e não apenas um ou outro, relacionados ao desenvolvimento simbólico dos humanos. Aliás, isso é verdade para cada um dos componentes desse "pacote" de capacidade simbólica, como a linguagem, as interações sociais, as habilidades musicais e artísticas. Cada um deles envolve na verdade diversos genes, relacionados à capacidade motora, cerebral, neurológica. Por esse motivo, tentativas de explicações sobre o desenvolvimento de alguma dessas capacidades que apontam como causa única ou principal uma mudança genética provocando alterações comportamentais radicais costumam ser bastante questionadas.

8.2. AS INTELIGÊNCIAS DE MITHEN E A MENTE CATEDRAL

Na obra A Pré-História da Mente – Uma Busca das Origens da Arte, da Religião e da Ciência[121], o arqueólogo Steven Mithen propõe uma possível explicação para o desenvolvimento do comportamento simbólico

---

[121] MITHEN, 2002.

dos hominínios e as mudanças acentuadas que ocorreram no Paleolítico, em especial no Paleolítico Superior. Na tentativa de explicar as origens da mente humana, ele expõe diversas teorias de diferentes áreas, propostas por arqueólogos[122], psicólogos[123], psicolinguistas[124], e outros pesquisadores e teorias[125]. Baseando-se nos trabalhos do psicolinguista Jerry Fodor, do psicólogo Howard Gardner e de psicólogos evolucionistas, Mithen elaborou a sua própria teoria, a da mente catedral, em oposição às teorias da mente como um canivete suíço.

Ele propõe a existência de inteligências múltiplas presentes na nossa mente desde os nossos ancestrais hominídeos. As quatro inteligências propostas por ele são:

I. inteligência geral – relacionada à resolução de problemas cotidianos;

II. inteligência social – relacionada à interação com os demais membros do grupo social;

III. inteligência naturalista – relacionada às interações do indivíduo com o meio natural;

IV. inteligência técnica – relacionada aos processos de fabricação de ferramentas e de novas tecnologias.

A mente de cada indivíduo seria formada pela interação entre a influência da herança genética e o meio em que vive. Como as características genéticas herdadas dos pais são diferentes para cada indivíduo, e o meio em que cada um vive varia também, a mente de cada pessoa acaba sendo única. Entretanto, já que somos da mesma espécie, teríamos grandes semelhanças quanto aos planos herdados e à mente que desenvolvemos. Durante a evolução da mente nos hominínios, as mutações genéticas aleatórias que acabavam por trazer vantagens foram sendo selecionadas positivamente, e se mantendo nas populações e nas espécies. De acordo com o trabalho de Mithen, a evolução da mente se deu em três fases. Fazendo analogia com as capelas de uma catedral, o autor explica de que forma teriam sido essas fases:

---

[122] Exemplo de Thomas Wynn que, por meio de estudos das mudanças nas indústrias de ferramentas, é um dos pesquisadores que acredita que a mente humana moderna já estava quase "pronta" há cerca de 300 mil anos.

[123] Exemplos de Jean Piaget, que definia a mente como uma esponja que absorve toda a informação com que tem contato, como um computador; e Howard Gardner, que defendia a teoria das inteligências múltiplas, da mente humana como um canivete suíço.

[124] Jerry Fodor e a divisão da mente em sistemas de entrada ou de percepção e sistemas centrais ou de cognição.

[125] Para mais detalhes e explicações, ver Mithen (2002).

- Na fase I, a mente era regida por um domínio de inteligência geral, voltada à observação de características do ambiente e de outros indivíduos, e soluções mais gerais para os problemas do cotidiano (como obtenção de alimentos e interação com outros indivíduos do grupo, por exemplo. Haveria um mesmo repertório limitado de respostas comportamentais para as diversas variações de condições do ambiente);

- Na fase II, para a inteligência geral tivemos a complementação de diversas inteligências específicas e independentes, cada uma relacionada a um domínio específico do comportamento (agora o comportamento de obtenção de alimentos e o comportamento de interação social, por exemplo, estariam relacionados a inteligências ou módulos de inteligências diferentes. Ou seja, cada um relacionado a compartimentos mais especializados);

- Na fase III, as inteligências múltiplas especializadas passaram a trabalhar de forma integrada e coordenada, com um fluxo de ideias e conhecimentos entre os diversos domínios comportamentais, como uma integração por janelas e portas entre diversas capelas de uma catedral. Essa alteração foi chamada pelo autor de "fluidez cognitiva".

Figura 13 – Ilustrações demonstrando a proposta de Mithen (2002) das etapas para a formação da mente humana. As integrações entre as diferentes inteligências, de diferentes domínios da mente, devem ter sido selecionadas ao longo do tempo por conferirem maior eficiência na interpretação do ambiente e nas respostas a suas características e variações. Essa integração proporcionou a formação de uma "mente catedral", caracterizada por uma fluidez cognitiva

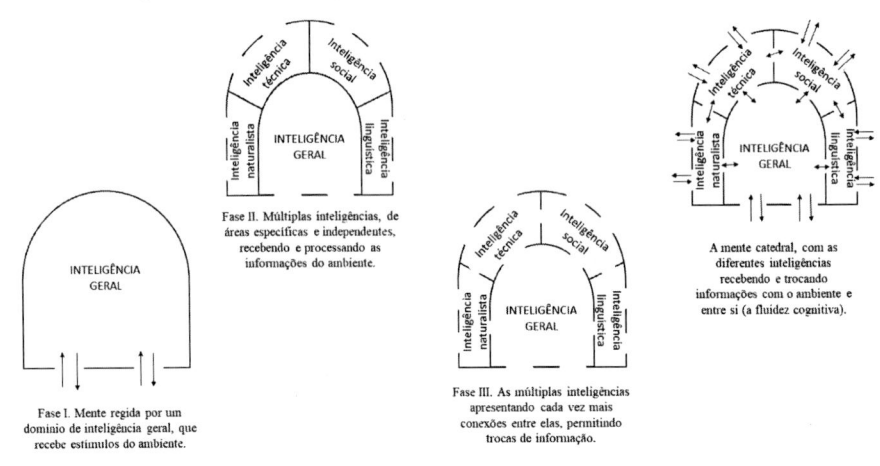

Fonte: os autores, baseados em Mithen (2002)

As diferenças em relação aos demais grandes primatas ocorreriam porque, de acordo com o autor, os comportamentos dos outros grupos estariam relacionados a inteligências específicas, agindo sem tanta interação. Por exemplo, a utilização de ferramentas estaria relacionada a uma inteligência geral (e não necessariamente técnica) e talvez como um desenvolvimento menos especializado, como microdomínios, e não muito integrados. Ou seja, estariam voltados a encontrar soluções mais gerais para diversas situações (buscar alimentos, interagir com outros indivíduos do grupo, proteger-se de uma condição ambiental). Sendo assim, como nos primatas não humanos não houve uma integração entre as diferentes inteligências, os comportamentos relacionados à utilização de ferramentas aparecem nas populações, são mantidos por repetição pelos indivíduos mais novos e desaparecem quando não há tempo ou oportunidade de ser passado para a geração seguinte.

Por esse motivo, macacos e chimpanzés, apesar de utilizarem ferramentas para obterem alimentos, se protegerem da chuva ou terem interação social, apresentam culturas diferentes entre suas diversas populações, mas essa "cultura" é considerada por muitos pesquisadores como diferente do que é observado na espécie humana. Aparentemente, esses outros primatas, a cada geração, precisam aprender do zero o que a geração anterior desenvolveu. Chimpanzés jovens, ao observarem os adultos quebrarem castanhas utilizando bigorna e martelo, ao se interessarem por tal comportamento, podem reproduzi-lo, por meio de diversas tentativas, até conseguirem obter de forma satisfatória aquele recurso alimentar. Entretanto, dificilmente eles desenvolverão esse comportamento além, por exemplo, refinando ainda mais essas ferramentas.

Além disso, alguns primatólogos observam que esse comportamento de repetir as ações dos adultos quanto à utilização de ferramentas tem mais a ver com o interesse dos filhotes pela ação que está sendo desenvolvida. Interessando-se por aquele comportamento, e tendo alguma vantagem ao realizá-lo adequadamente, ele pode entrar no repertório de ações do indivíduo jovem, e assim se repete a cada geração. Justamente por não ter uma explicação apenas ecológica (de limitações de recursos no ambiente) ou genético-cognitiva (capacidade de aprender), mas sim de interesse dos indivíduos, que, ao comparar a utilização de ferramentas por chimpanzés comuns (*Pan troglodytes*) e bonobos (*Pan paniscus*), duas espécies tão próximas filogeneticamente, e que se separaram há apenas 2 milhões de anos, vemos comportamentos tão distintos entre elas.[126]

---

[126] Para mais informações sobre esse assunto, ver o trabalho de Furuichi *et al.* (2015).

8.2.1. A inteligência técnica

Com os trabalhos de primatólogos a partir da década de 1960, ficou claro que o *H. sapiens* não é a única espécie que consegue fabricar e utilizar ferramentas. Os chimpanzés já foram observados manipulando folhas para acessarem formigas e cupins dentro de troncos de árvores, ou como esponjas para pegar água e para higienizar-se, ou para coletar suas fezes em busca de restos nutritivos; utilizam gravetos para coletar insetos, mel, remover sementes de castanhas quebradas, retirar e obter material de globos oculares e de dentro de crânios; utilizam martelos e bigornas para quebrar castanhas. Entretanto, Mithen acredita que, analisando com cuidado tais estudos, apesar desses comportamentos, não se pode atribuir uma inteligência técnica aos chimpanzés. Ele explica: as tradições observadas são diferentes em cada grupo desses primatas, em cada lugar em que são encontrados. Por exemplo, a utilização de instrumentos modificados para higiene até então teria sido registrada apenas em Gombe, na Tanzânia, e o uso de gravetos para retirar medula das presas só seria conhecido na floresta de Tai (África Ocidental), o que aconteceria porque nenhum membro dos outros grupos descobriu essa utilização acidentalmente, ou pensou em fazer isso ou teve oportunidade de aprender com outro membro que fazia essa utilização, antes que ele esquecesse como fazer ou morresse sem ensinar aos outros. Isso seria uma evidência de ausência de inteligência técnica, porque indica que os chimpanzés não apresentam na espécie uma tendência para pensar sobre a fabricação e a utilização de ferramentas[127]. Dessa forma, esse comportamento estaria relacionado a uma inteligência geral – de resolução de problemas –, e não específica, técnica.

Esse comportamento difere do encontrado na nossa espécie porque se observa que as *tradições culturais* em humanos não se referem à realização ou não realização de uma tarefa, mas sim a maneiras diferentes de fazer as mesmas coisas, formas distintas de lidar com situações e problemas e responder a pressões seletivas. Como exemplo, o autor cita a fabricação e a utilização de objetos como facas, que são encontradas em todos os grupos humanos. Além disso, os chimpanzés jovens demoram anos para adquirir a habilidade de utilizar as ferramentas que observam os adultos usarem, e parecem ter uma limitação para pensar em novos usos; aparentemente, não

---

[127] Não necessariamente concordamos com todas as ideias desse autor; pelo contrário, diversas evidências têm sido publicadas nos últimos anos que nos fazem discordar em vários pontos, mas estamos debatendo a linha de pensamento dele no livro citado. Para ajudar a pensar nesse tipo de discussão, sugerimos a leitura de Furuichi *et al.* (2015).

há avanços tecnológicos na fabricação de suas ferramentas, e cada geração aprende com dificuldade as técnicas da geração anterior. Essas seriam evidências que indicam uma inteligência geral (série de regras de aprendizado geral) sendo utilizada para esse tipo de comportamento de utilização de ferramentas, e não uma inteligência técnica, especificamente voltada para a fabricação e utilização de instrumentos.

A atribuição da fabricação das primeiras ferramentas líticas na linhagem hominínia ainda é tema de discussão. As evidências mais antigas estão relacionadas a *Australopithecus garhi*. Ao escreverem as suas obras abordadas aqui, Klein e Edgar[128] e Mithen[129] ainda não tinham acesso a evidências mais robustas desse fato, quando ainda se imaginava que as ferramentas mais antigas possivelmente teriam sido fabricadas pelo *Homo rudolfensis* ou pelo *Homo habilis*. Ainda assim, esses autores já assumiam a possibilidade de um australopitecíneo ter sido o primeiro a desenvolver uma indústria de ferramentas, como de fato foi comprovado nos anos posteriores.

Esse primeiro fabricante enfrentou certas dificuldades nesse processo antigo de fabricação. Os talhadores precisavam ir adaptando a técnicas: encontrar o ângulo certo em vez de bater os blocos de modo aleatório, selecionar as plataformas de golpear e ter um "bom golpe de vista", que consiste em bater no lugar e na direção corretos, e com a força adequada. No caso desses primeiros fabricantes de ferramentas, há aproximadamente dois milhões de anos, apesar de essas primeiras indústrias serem consideradas bastante simples em comparação com as próximas (por não apresentarem grandes variações na forma e na matéria-prima, pelo menos não nas que ficaram preservadas), o esperado é que já houvesse uma capacidade cognitiva mais elaborada, permitindo um planejamento que se mantinha ao longo do trabalho, com um objetivo predefinido ao longo da produção do artefato. Além da capacidade de aprendizado gradual das técnicas de produção, provavelmente por meio de "muitas tentativas e um grande número de erros". Portanto, afirma o autor, o mais provável é que a partir desses primeiros grupos, de australopitecíneos talhadores e espécies de *Homo* basais, encontremos um desenvolvimento da inteligência técnica, sendo no início ainda como microdomínios. Em outras espécies de *Homo* essas técnicas de produção vão se tornando mais elaboradas, e em humanos ainda não modernos já vemos uma variedade maior de matéria-prima utilizada, formatos e composição dessas ferramentas.

---

[128]   KLEIN; EDGAR, 2005.

[129]   MITHEN, 2002.

8.2.2. A inteligência naturalista

Essa inteligência compreende uma série de processos cognitivos voltados a adquirir e processar as informações relacionadas à distribuição dos recursos (alimento, água, abrigo etc.) no ambiente, criando e atualizando constantemente mapas mentais da distribuição deles no espaço. Mithen retoma os trabalhos do primatólogo Richard Wrangham, com os chimpanzés do Gombe National Park, na Tanzânia, para ilustrar esse comportamento. Esses primatas provavelmente apresentam um mapa mental constantemente atualizado, demonstrando, pelo seu comportamento observado, que conhecem profundamente o seu ambiente, por exemplo, dirigindo-se periodicamente para áreas ricas em alimentos, e inclusive sabendo distinguir mesmo diferenças sutis entre diferentes espécies de plantas (por exemplo, quais são comestíveis ou não, quais são mais palatáveis e tendo um direcionamento preferencial para as áreas onde elas ocorrem).

Entretanto, em seus trabalhos, Wrangham não encontrou evidências que indiquem que os chimpanzés consigam encontrar áreas tão ricas em alimento sem ter um conhecimento prévio do ambiente, ou seja, sem ter informações suficientes acumuladas e memorizadas. Para isso, teria que haver a possibilidade da construção de hipóteses sobre a distribuição dos recursos. Observar, por exemplo, cursos d'água, ocorrência de determinados tipos de crescimento de plantas, observação de certos comportamentos típicos de determinadas espécies de animais, determinadas características do solo, ou seja, percepção de um conjunto de informações do ambiente que poderiam indicar onde há mais chances de se encontrar os recursos que se buscam. Entretanto, esse comportamento requer integração dessas diversas informações, e a organização do conhecimento de tal forma que permita um uso perceptivo e criativo, reorganizando e recombinando tais informações. Esse comportamento, entretanto, é característico da inteligência especializada, integrada, o que não ocorreria nos chimpanzés. Como evidência disso, Mithen, ainda retomando os trabalhos de Wrangham e de outros primatólogos com observações mais recentes, afirma que não há evidências que indiquem que os chimpanzés consigam, por exemplo, a partir de pistas visuais, decifrar e fazer inferências sobre características do ambiente. Por exemplo, não seriam capazes de observar os rastros deixados por uma serpente potencialmente perigosa para os indivíduos do bando, e parecem depender bastante dos sinais acústicos, além de aparentemente não serem capazes de uma flexibilidade e uso criativo do conhecimento adquirido ao longo da vida. Essa seria uma diferença entre a mente dos chimpanzés e uma mente hominínia com características de integração de inteligências.

> No todo, refere-se a compreender a geografia da paisagem, o ritmo das estações e os hábitos das presas em potencial. Refere-se a observações do mundo natural do presente para prever o futuro: o significado da formação de nuvens, de pegadas de animais, da chegada e partida de pássaros durante a primavera e o outono.[130]

Independentemente da discussão sobre as formas mais comuns de obtenção de carne pelos primeiros hominínios, ou seja, se eles eram mais caçadores ou mais rapinadores de carcaças recém-abatidas por outros animais, a abundância de fragmentos de ossos associados a ferramentas encontrados nos sítios arqueológicos datados de dois a um milhão e meio de anos sugere que o *Homo habilis* já consumia grandes quantidades de carne. Esse autor afirma ainda que a anatomia do *H. habilis* também contribui para essa hipótese, já que eles apresentavam um cérebro relativamente grande comparado aos australopitecíneos, por exemplo, o que exige uma dieta de alto valor energético, com o consumo de carne sendo de extrema importância para suprir essas necessidades energéticas. Uma possibilidade muito interessante apontada é que a competição com carnívoros e rapinadores tenha levado a uma pressão seletiva para uma maior habilidade de interpretar pistas visuais. Por exemplo, interpretar marcas de pegadas e rastros de animais ajudaria a compreender se estavam lidando com possíveis competidores, com animais que pudessem representar algum tipo de perigo ou com a indicação de possibilidade de rapinagem. Quando diz respeito a alimentos de origem animal, a construção de mapas mentais se torna mais complexa, já que as possíveis presas constantemente se movem. E mesmo no caso de carcaças, elas podem rapidamente ser uma fonte perdida, quando são consumidas pelos competidores ou por decompositores.

Dessa forma, a habilidade de *prever* a localização dos recursos se torna de extrema importância, utilizando o "conhecimento naturalista para desenvolver hipóteses sobre a localização de carcaças e animais"[131]. Uma evidência dessa inteligência naturalista seria a presença de blocos de

---

[130] MITHEN, 2002, p. 196.

[131] *Ibid.*, p. 163.

pedra em lugares afastados das fontes de matéria-prima, o que evidencia o transporte não apenas de artefatos já prontos, mas também de blocos de pedra pela paisagem, o que pode indicar que o *H. habilis* criava um mapa mental da distribuição de matéria-prima e podia antecipar a noção de uso futuro de ferramentas nas suas atividades de subsistência. Portanto, provavelmente esses hominínios eram capazes de interpretar e integrar as informações da paisagem, como a distribuição de recursos, com a previsão de fabricação e utilização de ferramentas para otimizar as suas atividades de forrageamento. A inteligência natural estava começando a ter mais bases para aparecer realmente. E, de acordo com o autor, ela provavelmente só apareceu de fato a partir de *H. erectus*, que parece ter sido o primeiro a sair do ambiente africano e assim explorar uma enorme variedade de ambientes, o que exige uma grande flexibilidade comportamental, característica da inteligência natural desenvolvida.

8.2.3. A inteligência social

A evolução do módulo da mente no domínio da inteligência social teria ocorrido de uma forma que foi facilitando a interação com indivíduos do próprio grupo, permitindo que um indivíduo faça predições sobre o comportamento do outro, o que é base para construir e testar hipóteses no âmbito da convivência social. Citando Nicholas Humphrey, Mithen[132] acredita que a evolução da consciência se insere no comportamento social: exploramos a nossa mente de forma a usá-la como um modelo para a mente de outros indivíduos, e assim prever como o outro se sentiria ou se comportaria em determinada situação. Essa teoria faria sentido na tentativa de explicar a evolução da consciência reflexiva, mas sugere que, em humanos, a consciência extrapola os pensamentos voltados para a interação social, e se estende para todos os domínios de atividade. De acordo com esse autor, essa expansão da percepção consciente tem um papel fundamental no desenvolvimento da mente moderna.

Jurmain e colaboradores[133] lembram da hipótese do *social brain*, que sugere que o aumento em tamanho e complexidade do cérebro dos primatas está relacionado ao fato de viverem em grupos sociais. Esse tipo de comportamento em grupos envolve diversas demandas, por exemplo, a habilidade de negociar uma complexa rede de interações, como formação

---

[132] MITHEN, 2002.

[133] JURMAIN, R.; *et al*. Introduction to Physical Anthropology. Belmont: Thomson Wadsroth, 2011-2012.

de alianças, competição, evitar alguns indivíduos, e a formação e manutenção de relacionamentos de amizade. De acordo com Barton e Dunbar[134], o que eles chamam de "inteligência" evoluiu não apenas de forma a resolver problemas "físicos", como forrageamento e fuga de predadores, mas também permitindo analisar e utilizar informações sociais. Isso porque seria de extrema importância lembrar, guardar e utilizar informações, tais como quais indivíduos são dominantes, quem forma alianças com quais indivíduos, quem coopera mais nas estratégias de caça, quem ajuda ou quem foge com a melhor parte da comida. Dessa forma, Dunbar[135] chega a sugerir que, em primatas, cérebro e tamanho de grupo tiveram uma relação de coevolução. Mithen, em sua supracitada obra, aponta algumas vantagens que os hominíneos teriam ao viverem em grupos (embora, como ele aponta, grupos não tão grandes quanto o sugerido por Dunbar): enfrentar em grupo o perigo de predação; as características da fonte alimentar, que vinha em relativa abundância nas carcaças; o aumento das chances de encontrar uma carcaça ou caçar outros animais, o que teria mais chances de sucesso em grupo que individualmente. O autor lembra também que o contraste encontrado nos sítios de humanos não modernos, que apresentavam cérebros grandes, mas comportamento social menos complexo, pode ser resolvido levando em consideração a ainda ausente integração das inteligências naturalista, técnica e social. Provavelmente, boa parte das resoluções de problemas e outras atividades ainda estavam relacionadas ao domínio da inteligência geral, ou a cada uma das inteligências quase totalmente de forma separada.

8.2.4. A fluidez cognitiva

Alguns atributos mentais envolvidos na criação e leitura de símbolos seriam: planejamento e execução de um molde mental preconcebido; comunicação intencional sobre um objeto ou um evento não presente no momento; e atribuição de significado a uma imagem visual que não está associada ao seu referente. Mithen defende que, provavelmente, os processos cognitivos necessários para a produção simbólica já estavam presentes em outras espécies da nossa linhagem, e em igual complexidade e avanço encontrados nos humanos modernos[136]. Entretanto, defende o autor, esses

---

[134] BARTON, R.; DUNBAR, R. I. M. Evolution of the social brain. *In*: Byrne, R.; Whiten, A. (ed.) *Machiavellian Intelligence*, vol. II. Cambridge: Cambridge, 1997.

[135] DUNBAR, R. I. M. The social brain hypothesis. *Evolutionary Anthropology*, p. 178-190, 2008.

[136] MITHEN, 2002.

processos deveriam estar em domínios cognitivos diferentes, isolados uns dos outros, sem comunicação. Para fabricação de uma ferramenta pre-concebida na mente, quanto à sua forma e função, é necessário decidir a melhor matéria-prima, trabalhá-la de maneira adequada, e isso envolve um desenvolvimento da inteligência técnica. O mesmo quanto à comunicação intencional, já que essa característica é decisiva na inteligência social desde humanos não modernos. Entre os hominínios mais antigos, possivelmente ela se restringia a gestos e talvez vocalizações bastante simples para ser descrita como linguagem. Entretanto, por ser encontrada em outros primatas, como nos macacos, a comunicação intencional parece estar presente há um tempo na nossa história evolutiva, e nos hominínios mais tardios ela deve ter apresentado um desenvolvimento já bastante complexo e fundamental. Quanto a atribuir significados a objetos inanimados, seria uma capacidade crítica para o desenvolvimento da inteligência naturalista. Essa característica deve estar sob forte pressão seletiva desde os hominínios mais antigos: as atividades de caça e rapinagem dos australopitecíneos e dos primeiros *Homo* seriam cada vez mais eficientes de acordo com a capacidade de interpretar pegadas e rastros.

De fato, é fácil imaginar as fortes vantagens adaptativas de uma inter-pretação cada vez mais apurada desses rastros, permitindo inferências sobre outros organismos no ambiente. Por exemplo, se o animal que produziu aquela pegada é uma possível presa ou predador, qual a sua direção, o seu tamanho, sexo, se é um juvenil ou mais velho, e associar com um mapa mental sobre o comportamento recorrente desse animal, tendo uma ideia, por exemplo, da distância em que ele deve estar, o seu estado de saúde, seu tamanho e peso etc.

Além disso, há a possibilidade de as pinturas rupestres, bem como as marcas e símbolos encontrados em objetos e ferramentas, funcionarem como "dispositivos mnemônicos"[137], ajudando a guardar informações sobre o ambiente, a paisagem ou determinado evento ou momento.[138] Outros

---

[137] MITHEN, 2002, p. 275.

[138] Arriscamos afirmar que poderia ser também um tipo de registro de interações sociais, já que, como inclusive lembra Mithen, ao observar sociedades de caçadores-coletores modernos, vemos que muitos veem de forma integrada todo o ambiente, sem uma separação clara entre o social e o natural, mas sim como uma integração entre as espécies animais, incluindo a humana, os demais seres vivos e a paisagem. É provável que entre os caça-dores-coletores antigos também fosse assim. Acrescentamos que esses símbolos também poderiam representar, ao menos em alguns casos, uma forma de identificação de grupo, ou mesmo uma forma de individualização dentro daquele grupo, "personalizando" aquela ferramenta ou objeto de acordo com as vivências, experiências e/ou fantasias da mente humana simbólica em formação.

autores também defendem essa ideia – algumas dessas manifestações simbólicas seriam registros, representando as características da paisagem, dos animais, plantas e demais organismos e elementos no ambiente. O artista as elaboraria como um testemunho, registrando e ao mesmo tempo comunicando aquelas importantes informações.

Com os argumentos apresentados, o autor sugere que os três processos cognitivos requeridos para a produção de arte (a saber: concepção mental de uma imagem, comunicação intencional de ideias e atribuição de significado a marcas inanimadas) já estavam presentes na "mente humana arcaica"[139], encontrados nos domínios das inteligências técnica, social e naturalista. Entretanto, a criação e a compreensão de simbologia dependem do funcionamento de todos esses domínios juntos, com todos os processos cognitivos, antes isolados, agora com total comunicação, "criando um novo processo cognitivo que podemos chamar de simbolismo visual, ou simplesmente arte"[140]. Segundo a sua teoria, a arte, então, só pode aparecer depois que esses domínios passaram a se comunicar, permitindo um fluxo entre eles, integrando o conhecimento acumulado pelas diferentes inteligências. Essa integração teria permitido o que ele chama de "fluidez cognitiva", fruto de uma "mentalidade cognitivamente fluida"[141]. Essa aparente ausência de evolução gradual na capacidade artística[142] indica que as habilidades de impor uma forma específica, de comunicar e de inferir significados já deveriam estar presentes antes dos humanos com uma mente moderna. O conteúdo dessa arte seria uma forte evidência desse pensamento: o antropomorfismo (representação de outra espécie animal com certos atributos humanos) e o pensamento totêmico (um humano descendendo de outros animais) exigiriam pelo menos uma fluidez entre as inteligências social e naturalista. Como exemplo, o autor aponta o feiticeiro de Trois-Frères, encontrado na França, uma pintura de um ser em pé, com elementos anatômicos misturados de vários animais: pernas e mãos semelhantes aos membros humanos, mas apresentando orelhas e costas de herbívoro, chifres semelhantes aos de cervídeo, pênis semelhante ao de felinos e cauda de cavalo (Figura 14).

---

[139] Nas palavras de Mithen (2002).

[140] MITHEN, 2002, p. 262.

[141] *Ibid.*, p. 305.

[142] Isso porque Mithen considera, em sua citada obra, as primeiras manifestações artísticas significativas aquelas datadas de cerca de 40 mil anos, com formas e composições mais elaboradas. Sendo assim, o que ele considerou como mais antigos objetos e primeiras pinturas em cavernas já apresentariam uma capacidade técnica bastante desenvolvida.

Figura 14 – O feiticeiro de Trois-Frères. Um exemplo das manifestações simbólicas de grupos do Paleolítico Superior, com uma mistura de elementos relacionados ao meio em que estão inseridos. Altura da pintura: 75 cm

Fonte: https://commons.wikimedia.org/wiki/File:The_Sorcerer_cave_art._Sketch_of_Breuil%27s_drawing._Photograph._Wellcome_M0008769.jpg, sob a licença CC-BY-4.0

Mithen cita que o pensamento antropomórfico parece ser universal entre caçadores modernos. E que as vantagens dessas mudanças são nítidas: a integração das inteligências técnica, naturalista, geral e social permitiram prever os movimentos e o comportamento dos outros animais, permitindo caçar não apenas animais individuais, mas também grupos cada vez maiores, por meio da produção de artefatos de caça mais eficientes (e de novos materiais, como ossos e chifres) e comunicação e organização para comportamentos como emboscadas e armadilhas, além de desenvolvimento de tecnologias para armazenar comida.

Em resumo, a sua teoria afirma que as diferentes inteligências encontradas nos hominínios foram se desenvolvendo de forma independente, e chegaram a apresentar certo grau de integração, mas só alcançaram a fluidez cognitiva plena na mente dos humanos modernos. Se, de fato, os neandertais não tiverem desenvolvido uma capacidade de significação, essa poderia ser a explicação. A integração completa, segundo Mithen, pode não ter acontecido, e os neandertais teriam permanecido com uma mente do tipo canivete suíço. Suas diferentes inteligências, mesmo a naturalista e a técnica, que de acordo com o autor, analisando as evidências encontradas nos sítios de ocupação neandertal, parecem ter sido bastante avançadas, continuaram trabalhando de forma independente, com uma "barreira cognitiva"[143] entre elas. Por isso não teria ocorrido o desenvolvimento de uma percepção simbólica, apesar de terem uma capacidade técnica de produção de artefatos simbólicos, mas que provavelmente eram ao menos em parte copiados do que viam no contato com os humanos modernos[144].

8.2.5. Por fim, a Supercapela de Mithen

Como explicação para a fluidez cognitiva na qual culminou o desenvolvimento e integração das diversas inteligências, o autor aponta as mudanças nos domínios da linguagem e da consciência. Robin Dunbar[145] acreditava que a linguagem dos hominínios ancestrais era utilizada para enviar e receber informações sociais, o que é diferente da linguagem atualmente, que apresenta múltiplos usos. Entretanto, ele acredita que teriam existido "pedaços" de linguagem sobre o mundo não social, por exemplo, na fabricação de ferramentas, e sobre o comportamento animal. Esses "pedaços" fora do domínio social teriam principalmente duas fontes: a inteligência geral (provavelmente mais gestual, talvez a combinação de algumas poucas palavras, e vocalizações não sociais implantadas aos poucos na linguagem social); ou pequenas frestas permitindo alguma comunicação entre as diferentes inteligências, que estariam presentes antes da fluidez total. O que ele acredita é que esses pulsos de linguagem não social devem ter acessado a mente de outros indivíduos "como parte do fluxo da linguagem social, sendo decodificados pela inteligência linguística e interpretados pela inteligência

---

[143] MITHEN, 2002, p. 213.

[144] Algumas possíveis explicações são debatidas pelos autores que não estão plenamente convencidos da capacidade simbólica dos neandertais. Algumas delas são a possibilidade de copiarem ou imitarem o que viam no pós-contato com indivíduos do *Homo sapiens*, ou casos semelhantes a uma aculturação. Outros comportamentos interpretados como simbólicos poderiam ter, na verdade, outros motivos. Por exemplo, os sepultamentos encontrados em vários sítios relacionados a neandertais seriam uma preocupação de esconder os mortos, mantendo afastados possíveis predadores e carniceiros. Além disso, ajudaria a evitar certas doenças e camuflar o cheiro proveniente da decomposição dos corpos. Entretanto, a forma de alinhar os corpos, aparentemente denotando algum cuidado, e a sua deposição junto a possíveis ornamentos dificultam essas hipóteses que afastam completamente um comportamento simbólico.

[145] DUNBAR, R. I. M. Coevolution of neocortical size, group size and language in humans. *Behavioral and brain sciences*, v. 16, p. 681-735, 1993.

social"[146]. Os indivíduos capazes de explorar essas conexões de informações teriam tido mais vantagens na ação da seleção natural, já que poderiam tomar decisões mais bem fundamentadas sobre o forrageamento e sobre fabricação de ferramentas em geral; e mais que isso, introduzir perguntas e aperfeiçoar essas atividades. A seleção natural foi fundamental nesse aperfeiçoamento de trocas de informação, e por isso a linguagem teria passado de social para multiuso. Dan Sperber[147], cientista cognitivo, sugere que essa entrada de informação não social no domínio da inteligência social desencadeou, mais tarde, uma explosão cultural, o que Mithen aponta que foi a que ocorreu no Paleolítico Superior, que inclui manifestações como enterros rituais, arte e religião, criada por vários domínios integrados.

Uma questão muito importante, porém, é que quando tratamos de "explosão cultural" acabamos negligenciando evidências mais antigas de manifestações simbólicas, especialmente as encontradas na África. Lewin[148] cita a produção de lâminas encontradas na Etiópia, datando de 180 mil anos, e na África do Sul (indústria de Howieson's Poort), com datação de 80 mil anos. Em um sítio no centro do Quênia, na Formação Kapthurin, foi relatada a produção de lâminas datadas de 240 mil anos, o que seria 125 mil anos antes das lâminas mais antigas conhecidas na Europa. Além disso, ferramentas de ossos, que só se tornam comuns na Europa no Paleolítico Superior, aparecem na África (sítio de Katanda, no Congo) em uma coleção que é datada de 90 a 160 mil anos, por técnicas de bioluminescência e ressonância de spin eletrônico. Na caverna de Blombos, na África do Sul, foram encontrados uma indústria de ossos, um pequeno bastão de ocre inteiro decorado por incisões formando figuras e um colar feito de conchas, todos datados em cerca de 80 mil anos.

O comportamento moderno envolve diversos componentes além da produção de ferramentas e utilização de matérias-primas que não apenas rochas, por exemplo, comportamentos sociais complexos, como transporte de objetos e intercâmbio a longa distância, e o desenvolvimento de comportamento simbólico, inclusive com expressão artística. São citados por Lewin: evidências de transporte de material valioso por longa distância, como o transporte de obsidiana do Quênia (suas terras altas centrais) até a Tanzânia (sítio de Mumba), o que significa uma distância de 300 quilôme-

---

[146]   MITHEN, 2002, p. 307.

[147]   SPERBER, D. The modularity of thought and the epidemiology of representations. *In:* Hirschfeld, L. A.; Gelman, S. A. (ed.) Mapping the mind: domains specificity in cognition and culture. Cambridge: Cambridge University Press, 1994.

[148]   LEWIN, 1999.

tros. Também há os pigmentos e pedras de moer (para o processamento desses pigmentos) encontrados em diversas regiões da África, com datações chegando a cerca 80 mil anos, enquanto adornos pessoais, com contas de casca de avestruz, aparecem um pouco mais tarde, há 60 mil anos entre os registros mais antigos. Sendo assim, o comportamento artístico em grande volume como o encontrado nos sítios europeus não é encontrado com tanta antiguidade na África, mas talvez pelo fato de as condições no ambiente africano serem muito desfavoráveis para preservação das evidências arqueológicas. Além disso, há um número pequeno de sítios estudados, quando comparados aos sítios europeus. Porém as evidências de um comportamento social complexo e de capacidade simbólica nos sítios africanos indicam que o comportamento moderno apresenta uma história mais longa que o que é evidenciado na Europa, e é bastante provável que tenha sido um processo mais longo e mais gradual do que muitos autores apontam que tenha sido.

Lewin, Klein e Edgar e Benazzi[149], em suas respectivas obras, apontam que as evidências de produção de arte e de enterros rituais atribuídos a neandertais seriam ainda pouco confiáveis. De acordo com eles, provavelmente os neandertais copiavam em parte a cultura produzida pelos humanos modernos no Paleolítico Superior, e por isso seria um grande enigma qual era a capacidade real deles de apresentarem um comportamento simbólico. Alguns autores sugerem que, se de fato não havia essa capacidade no *Homo neanderthalensis*, ela pode ter sido um dos fatores do desaparecimento dessa espécie. Nesse caso, os humanos modernos foram se dispersando, saindo da África e substituindo outras espécies e as populações não modernas no restante do planeta. Esse fenômeno teria ocorrido com mais rapidez, dizem esses mesmos autores, a partir de 50 mil anos atrás, quando os humanos já modernos anatomicamente tornaram-se modernos também no comportamento, expandindo sua distribuição e substituindo os povos não modernos no Extremo Oriente e Europa. As evidências relacionadas com a Revolução do Paleolítico Superior ainda devem ser exaustivamente analisadas e revistas, e as respostas definitivas para esse enigma talvez ainda demorem a aparecer. Entretanto, sobre tais estudos, o professor Robert Foley não nos deixa esquecer:

> Apesar da revolução darwiniana, isto é, a ideia de que o homem é apenas mais um animal, a evolução humana tem sido tratada como um assunto um tanto especial. A ideia de

---

[149] LEWIN, 1999; KLEIN; EDGAR, 2005; BENAZZI, S. The first modern Europeans. *Journal of Anthropological Sciences*, v. 90, p. 1-4, 2012.

que nós somos muito diferentes da maioria das outras espécies que habita esta Terra influenciou bastante a maneira como os problemas da evolução humana têm sido abordados (....) a unicidade é paradoxalmente uma característica de todas as espécies, não apenas dos humanos.[150]

---

[150] FOLEY, R. *Apenas mais uma espécie única*: padrões da ecologia evolutiva humana. São Paulo: Editora da Universidade de São Paulo, 1993, p. 20.

9

O PAPEL DA LINGUAGEM

E, no princípio, era o verbo?

Ao defender a teoria da fluidez cognitiva (ou super capela) para explicar como se deu o desenvolvimento da nossa capacidade simbólica, Steven Mithen propõe que um dos principais fatores responsáveis por tais mudanças teria sido a linguagem. Ele ilustra esse processo com a seguinte frase: "depois de começarem a falar, os humanos arcaicos não conseguiram mais parar"[151].

Dalgalarrondo, em seu já citado estudo sobre a evolução do cérebro humano, diz algo parecido:

> É esse tipo de cérebro, de tamanho e organização peculiares, que possibilita a capacidade que os humanos têm de contar com uma linguagem articulada com recursividade infinita. Por meio da linguagem, todo um universo de possibilidades cognitivas e de simbolização irá surgir.[152]

A partir do século XIX, começamos a ter alguns dos primeiros estudos mais aprofundados sobre a evolução da linguagem. Um dos pontos mais intrigantes a ser investigado é que apesar de as línguas serem variáveis, a capacidade de linguagem é universal. Há uma diversidade de idiomas espalhados pelos diversos grupos humanos no planeta.

Em 1871, na primeira edição de A Origem do Homem e a Seleção Sexual, Charles Darwin dedicou alguns tópicos do seu livro para discutir a importância da linguagem e de que forma ela supostamente nos diferenciaria dos demais animais. O autor reconhece que diversos outros grupos utilizam o que ele define como linguagem para se expressar e se comunicarem com outros indivíduos – os estudos com primatas do gênero Cebus, por exemplo, já tinham resultados bastante difundidos quanto a alguns dos seus diferentes tipos de vocalização de acordo com o quê ou com quem

---

[151] MITHEN, 2002, p. 305.
[152] DALGALARRONDO, 2011, p. 192.

os indivíduos pretendessem se comunicar. A característica diferente dos humanos, de acordo com Darwin, seria a capacidade de uma "linguagem articulada"[153], relacionada a um "grande poder de ligar sons definidos a ideias definidas"[154]. Ele comenta:

> Mas a relação entre o uso continuado da linguagem e o desenvolvimento do cérebro sem dúvida deve ter sido muito mais importante. Os poderes mentais de algum ancestral do homem devem ter sido muito mais altamente desenvolvidos do que em qualquer macaco atual, antes mesmo que as mais imperfeitas formas de fala tivessem sido usadas. Mas podemos confiantemente acreditar que o uso continuado e o aperfeiçoamento desse poder teriam agido sobre a mente capacitando-a e encorajando-a a formular e estender suas cadeias de pensamento. Já estas, por sua vez, não podem sustentar-se sem a ajuda de palavras, faladas ou não, do mesmo modo que um complexo cálculo não pode ser expresso sem a utilização de algarismos e sinais algébricos.[155]

Ou seja, de acordo com o autor, o aperfeiçoamento da linguagem e o desenvolvimento do cérebro agiriam em uma cadeia de retroalimentação na nossa linhagem humana, estando presente nos nossos ancestrais, mesmo antes da nossa espécie. Quanto às palavras, elas estariam intimamente relacionadas a esse tipo de pensamento organizado. Sem as palavras, então, talvez não houvesse essa cadeia de pensamento.

É um erro comparar espécies colocando-as em escalas de mais ou menos desenvolvidas quanto às suas características físicas ou comportamentais. O próprio Darwin reconhece que já naquela época outros naturalistas não fariam esse tipo de distinção. Porém está correta a afirmação de que a capacidade de desenvolvimento de uma linguagem articulada, com sons relacionados a ideias específicas, em algum grau poderia estar presente em outras espécies hominínias.

De fato, seja de forma direta ou indireta, alguns indicadores dessa capacidade têm sido encontrados pela arqueologia e paleontologia. A análise de determinadas estruturas nos fósseis hominínios – como impressões e restos de laringe, língua, palato, e outras partes utilizadas na fala, além de estruturas cerebrais relacionadas à capacidade da linguagem – indica a possibilidade de outras espécies de *Homo* terem algum tipo de lingua-

---

[153] DARWIN, 2019, p. 42.

[154] *Ibid.*, p. 43.

[155] DARWIN, 2019, p. 44.

gem articulada, como os neandertais. Essas indicações são ainda bastante debatidas e aguardam mais estudos. Os pesquisadores que as questionam apontam principalmente o fato de que apenas em sítios de *Homo sapiens* encontramos em abundância e inquestionáveis indicadores que são indiretos, mas fornecem boas pistas sobre essa capacidade linguística. Com esses indicadores indiretos temos as representações em pinturas, esculturas, ou mesmo representações mais antigas e menos elaboradas, mas que possam já indicar alguma conexão entre formas e suas representações abstratas.

No livro Genes, Povos e Línguas[156], o professor Luigi L. Cavalli-Sforza retoma trabalhos de diversas áreas, como arqueologia, linguística e genética, além de chamar atenção para obras de outras áreas, como ecologia, demografia, antropologia e sociologia, para abordar temas relacionados à evolução humana. Ele conclui com os levantamentos feitos em sua obra o seguinte:

> Uma conclusão importante que emerge deste trabalho é que a evolução genética humana foi bastante afetada por inovações tecnológicas e mudanças culturais em geral. Cultura, no sentido de acúmulo de conhecimento ao longo das gerações, é a principal diferença entre os seres humanos e os outros animais (uma diferença de grau, certamente, visto que também os animais aprendem ao longo da vida e transmitem conhecimento para as gerações vindouras). A transmissão cultural é, pois, importante objeto de estudo, que tem sido gravemente negligenciado.[157]

O autor afirma que apesar de a maioria dos animais fazerem algum tipo de distinção ou classificação dos objetos (comestível ou não comestível; potencialmente perigoso ou não), a diferença é que os humanos utilizam a linguagem para essa diferenciação. Apresentam uma capacidade de articulação da língua e da faringe que promove diversos e específicos tipos de sons.

Atualmente, existem pelo menos seis mil diferentes línguas. E, considerando que línguas com menos de cem pessoas falantes têm grandes chances de serem extintas[158], não podemos desconsiderar quantas mais já devem ter existido. Há algumas tentativas de caracterizar e agrupar as diversas línguas de maneira a organizá-las em famílias que também possam representar a ligação genética entre os diversos povos que as utilizam,

---

[156] CAVALLI-SFORZA, L. L. *Genes, povos e línguas*. São Paulo: Companhia das Letras, 2003.

[157] *Ibid.*, p. 8.

[158] De acordo com Cavalli-Sforza (2003).

tentando estabelecer comparações entre árvores genéticas e linguísticas[159]. No entanto, são muitas as dificuldades para estabelecer comparações desse tipo. Os métodos de transmissão de cada um deles podem ser bastante diferentes, pois uma língua, por exemplo, pode ser transmitida por pessoas não aparentadas, modificada dentro de poucas gerações, difundida por migrantes eventuais. Além de alterações bastante acentuadas ou até mesmo substituições rápidas de idiomas, após eventos como a chegada de um novo grupo que elimine a cultura dos povos nativos. Por outro lado, no caso dos genes, podem também ocorrer grandes alterações, por meio de mutações, bem como substituições. Entretanto, além do tempo maior de gerações com que esses eventos costumam ocorrer, há o fato de a transmissão se dar apenas por hereditariedade, de pais para filhos. Apesar de todas essas diferenças, pode haver importantes pontos de concordância entre a evolução linguística e a evolução biológica da nossa espécie, e certamente ainda mais conformidade com as nossas trajetórias culturais e sociais.

A paleogenética, área que une paleontologia e estudos moleculares, apresenta algumas limitações, já que é bastante difícil a recuperação de material genético de fósseis de milhões de anos. O DNA e outras moléculas se degradam bastante no ambiente, fragmentando e passando por alterações químicas durante a formação dos fósseis, ainda que essa ocorra em situações extraordinárias, como em ambientes com temperaturas baixas, com baixa umidade, com gases específicos ou outras condições que ajudem a diminuir a ação de microrganismos, isolando o material e ajudando a preservá-lo, permitindo a sua fossilização. Por isso, para muitos aspectos são importantes as inferências com materiais de forma indireta. É o caso da evolução da competência linguística na nossa linhagem.

Alguns autores defendem que a diversidade de manifestações culturais do Paleolítico deve ter sido acompanhada pelo desenvolvimento de uma diversidade de línguas e dialetos. Cavalli-Sforza acredita que a linguagem tenha sido fundamental para a saída do humano moderno da África para outros continentes durante o Paleolítico: "Esse extraordinário instrumento de comunicação ajudou os seres humanos a explorar e estabelecer pequenas sociedades em terras distantes, a se adaptar a novas condições ecológicas e a absorver rapidamente avanços tecnológicos".[160]

---

[159] Para exemplos, ver Cavalli-Sforza, 2003, p. 190.

[160] CAVALLI-SFORZA, 2003, p. 129.

Alguns pesquisadores, baseando-se em estudos antropológicos e paleontológicos – por exemplo, com análise anatômica do que poderia ser uma região semelhante à área de Broca em crânios fossilizados –, apontam que já em *Homo habilis* ou pelo menos em *Homo erectus* (ou seja, há cerca de dois milhões de anos) havia ao menos a capacidade da linguagem. Entretanto, esses estudos são ainda bastante especulativos. O mais aceito atualmente, pelo número de evidências diretas e indiretas que conseguimos resgatar, é que a linguagem, pelo menos em um grau mais desenvolvido em seu conjunto de aspectos, ocorreu apenas em humanos modernos (algo entre 200 a 400 mil anos). Não sabemos se neandertais apresentavam também essa capacidade, mas muitos autores defendem que sim, inclusive estudando os componentes do trato vocal de fósseis dessa espécie. De acordo com esses estudos, talvez nossos parentes próximos neandertalenses não apresentassem a capacidade de pronunciar a mesma quantidade e tipos de sons que nós podemos – por questões anatômicas, como uma laringe um pouco mais curta que os humanos modernos – entretanto, alguma habilidade linguística eles teriam. Sendo assim, alguns desses pesquisadores se arriscam a dizer que seria possível que a capacidade linguística estivesse presente na espécie ancestral que temos em comum, o *Homo heidelbergensis*, que, dessa forma, teria transmitido tal capacidade às espécies a que deu origem: *Homo sapiens*, na África, e *Homo neanderthalensis*, na Europa[161].

De acordo com Darwin, a linguagem seria mais importante até mesmo que o domínio (ele utiliza o termo "descoberta") do fogo, estando também relacionada ao desenvolvimento das habilidades cognitivas dos humanos. Neste ponto, ele rebate o que hoje é chamado de "O Problema de Wallace". Esse nome se refere ao fato de Alfred Russel Wallace questionar se tais habilidades poderiam mesmo ter sido fruto da seleção natural, já que ele não compreendia como, no início do desenvolvimento de tais capacidades, elas poderiam apresentar vantagens adaptativas tais que as levassem a ser tão trabalhadas pela seleção natural a ponto de se tornarem tão bem desenvolvidas na nossa espécie. Darwin rebate essa questão em seu A Origem do Homem e a Seleção Sexual, e defende que a linguagem seria não apenas uma exclusividade da espécie humana, como também seria peça fundamental para o seu desenvolvimento:

---

[161] Interessante que, nesse caso, se houve outras espécies igualmente próximas a nós, ainda não descobertas ou devidamente descritas, elas também poderiam ter tido essa capacidade linguística.

> Um largo passo quanto ao desenvolvimento do intelecto deve ter sido dado quando se difundiu o uso da linguagem, metade arte e metade instinto, já que a continuidade de seu emprego deve ter provocado reações cerebrais que acabaram por tornar-se hereditárias, resultando em seguida em seu aperfeiçoamento. A grande diferença de tamanho relativo - ou seja, em comparação com o tamanho do corpo - dos cérebros humanos e os dos animais inferiores pode ser atribuída principalmente, como bem observou Chauncey Wright, ao uso precoce de alguma forma simples de linguagem, esse engenhoso recurso inventado pelo homem, que permite distinguir toda sorte de objetos e qualidades, e provoca correlações de pensamentos que nunca surgiriam da mera impressão dos sentidos, e que, caso surgissem, não poderiam ser compartilhadas.[162]

Cavalli-Sforza diz algo parecido:

> A linguagem é uma inovação que envolve tanto biologia como cultura. É o resultado da seleção natural atuando sobre a anatomia e a fisiologia. [...] A despeito de a linguagem em si ser uma criação cultural, ela requer fundamentos anatômicos e neurológicos precisos, o que provavelmente se desenvolveu de forma gradual e progressiva.[163]

Na obra O Terceiro Excluído – Contribuição para uma Antropologia Dialética, o professor Fernando Haddad exalta a questão da temporalidade na dinâmica cultural e chega a propor um neologismo – "revoluir" – para evidenciar o que seriam as diferenças entre a evolução biológica e as mudanças culturais. "A linguagem simbólica, tal como a conceituo, é justamente a evolução biológica que permite aos seres humanos viajar no tempo e assumir perspectivas culturais que assumem uma dinâmica revolutiva".[164]

No caso da linguagem, o posicionamento do autor é que ela seria a base da cultura e evoluiria por meios não genéticos. Isso porque, de acordo Haddad, no caso da cultura, a especiação[165] seria

---

[162] DARWIN, 2019, p. 538.

[163] CAVALLI-SFORZA, 2003, p. 228.

[164] HADDAD, F. O terceiro excluído: contribuição para uma antropologia dialética. Rio de Janeiro: Zahar, 2022, p. 174.

[165] Em biologia, especiação refere-se a um processo de diferenciação tão acentuado entre populações que elas passam a constituir espécies diferentes.

> [...] um acontecimento frequente. Quando a especiação cultural se completa, entretanto, não produz diferença, mas contradição. Esse processo, que chamo *alienização*, não cria uma espécie biologicamente diferente, mas uma 'espécie' *culturalmente antagônica*.[166]

Além disso, "A cultura, ela própria fruto da evolução, permite uma mais veloz e menos custosa forma de adaptação do que os genes"[167].

O professor Luigi L. Cavalli-Sforza já afirmou algo semelhante, e explicou:

> Há sempre, no mínimo, um emissor, um receptor e a informação que é transmitida de um ao outro. A linguagem aumenta enormemente a eficiência do processo e constitui a própria base da cultura humana. Mais do que qualquer outro fator, ela permite que os seres humanos se adaptem e dominem a circunvizinhança num espaço de tempo bastante curto.[168]

O que queremos dizer aqui é que a capacidade dessa linguagem articulada, organizada, com sons predefinidos que se referem não apenas a emoções, mas também a objetos e ideias específicas, pode, de fato, ter componentes que se encontravam presentes em outras espécies hominínias. E, especialmente, a linguagem como temos hoje, presente de forma difundida em toda a espécie humana, deve ter feito parte do desenvolvimento da capacidade simbólica apurada em humanos modernos. O grau de simbolismo presente em outras espécies, como os neandertais, tão próximos filogeneticamente de nós, é ainda uma incógnita. Entretanto, como tentamos demonstrar até aqui, a capacidade cognitiva para tal, envolvendo características do cérebro, provavelmente vem se desenvolvendo há um tempo na nossa linhagem, há pelo menos 80 mil anos, que é quando temos os registros até então mais antigos de representação simbólica.

Na verdade, só de olharmos uns para os outros e entendermos a *representação* do que queremos expressar, entendermos a ideia do outro – por exemplo, em uma atividade diária de nossos ancestrais, como a caça, conseguirmos combinar como faríamos juntos para obter aquele recurso –, já é bastante válido para nos comunicarmos e aumenta a chance de sermos bem-sucedidos nas tarefas. A linguagem falada aumenta enormemente essas chances.

---

[166] HADDAD, 2022, p. 23-24, grifos do original.

[167] *Ibid.*, p. 58.

[168] CAVALLI-SFORZA, 2003, p. 226.

Algum tipo de comunicação em grupo para interação em conjunto é encontrado em diversos outros grupos animais. A interação por meio de vocalizações e gestos é bastante refinada entre diversos primatas. A peculiaridade da articulação e organização na nossa espécie deriva da nossa capacidade simbólica, de representação mesmo do que não está ali presente no momento, aliada à capacidade de previsão de possibilidades futuras baseadas nas nossas experiências passadas, trazidas pela memória e trabalhadas pela imaginação. Essas características nos propiciam a capacidade de uma possibilidade praticamente ilimitada de formação de palavras. E, dessa forma, podemos concluir que o verbo foi importantíssimo para o desenvolvimento das nossas capacidades cognitivas modernas, mas tivemos um longo processo evolutivo antes de chegarmos a ele.

10

UM BÔNUS SOBRE A AMÉRICA DO SUL, O ÚLTIMO CONTINENTE OCUPADO PELOS HUMANOS: COMO A ARTE PODE NOS AJUDAR A DESVENDAR ALGUNS DOS SEUS GRANDES MISTÉRIOS ARQUEOLÓGICOS E PALEONTOLÓGICOS

Se queres ser universal, começa por pintar a tua aldeia.
(Liev Tolstói)

A chegada dos primeiros grupos humanos no continente americano ainda é um grande mistério, com muitos detalhes a serem desvendados. Na década de 1930 foram encontradas na cidade de Clóvis, no Novo México, Estados Unidos, diversas pontas de lança associadas a restos fossilizados de mamutes. Era uma indústria lítica com aspectos bastante específicos – especialmente quanto a uma concavidade característica localizada na base desses instrumentos – e que ao longo das próximas décadas foram sendo encontradas em outros territórios, inclusive em sítios no México.

Com datações de cerca de 10 mil anos, eram até então as evidências mais antigas de ocupação humana na América. Surgiu a partir daí a imagem do Povo de Clóvis, e o dogma de que a entrada dos primeiros humanos no nosso território deveria ter ocorrido há, no máximo, cerca de 12 mil anos, durante o Último Máximo Glacial (LGM, do inglês "Last Glacial Maximum"). Durante esse período, devido às baixas temperaturas, parte da água dos oceanos ficou aprisionada nas geleiras, baixando assim os níveis do mar, e deixando exposta uma porção terrestre que servia de passagem entre a parte asiática da Sibéria e a América do Norte: o estreito de Bering.

De acordo com essa teoria, também conhecida como "Clovis-First", os sítios da América do Norte seriam, então, os mais antigos do continente, com nenhuma datação podendo ser anterior aos referidos 12 mil anos. Assim o paradigma se manteve até a década de 1970, quando inúmeros novos sítios com datações mais antigas começaram a fornecer crescentes indícios de que tínhamos chegado por aqui há bem mais que dez milênios. Na verdade, diversos pesquisadores relacionados à arqueologia, à antropologia e à linguística[169] questionavam essa teoria já há algum tempo, pois, analisando pinturas rupestres de diferentes tradições ao longo do continente, diferenças na indústria lítica e outros registros culturais, julgavam improvável que tamanha diversidade pudesse ter sido criada em tão pouco tempo. Os estudiosos das línguas ameríndias, por exemplo, há anos apontavam que 11.200 anos não seria um tempo suficiente para as mais de 900 línguas existentes quando os europeus chegaram ao continente americano no século XV, especialmente se considerarmos a possibilidade de apenas um ou poucos pulsos de chegada, com quase todos os habitantes iniciais com as mesmas raízes linguísticas[170]. Esses cálculos são feitos rastreando-se a raiz das palavras utilizadas em um idioma (ou a "língua-mãe"), e estimando quanto tempo ela demoraria para sofrer tantas modificações até o ou os idiomas atuais estudados. O arqueólogo James M. Adovasio e o editor de revistas científicas Jake Page apresentam alguns exemplos:

> Para citar apenas a América do Norte, havia aqui trezentas línguas derivadas de seis ou oito raízes chamadas phyla. Por exemplo, uma dessas raízes era o Macro-Siouan, que incluía não somente as línguas das tribos da planície, mas também dos crow, mandan, omaha, winnebago, sioux, e ainda mohawks e outras tribos iroquesas do Estado de Nova York e do Canadá, bem como cheroquis, que eram das Carolinas, catawbas, caddoan e guchis. Nos termos dos cálculos linguísticos - que medem o tempo necessário para que uma palavra, como "mãe" ou "sol", se transforme a partir do original - estava claro que mesmo 15 mil anos não bastariam para explicar essa impressionante diversidade linguística.[171]

De fato, nas últimas décadas, avolumaram-se as evidências de que os primeiros grupos humanos devem ter chegado há mais tempo do que

---

[169] No caso da linguística, as evidências são bem mais recentes, trabalhando com os registros feitos a partir dos primeiros colonizadores europeus do século XVI, que ficaram impressionados com a diversidade de etnias que encontraram ao chegar ao novo continente. Estima-se, baseando-se em tais relatos, que nesse período de chegada dos europeus deveriam existir cerca de novecentas diferentes línguas entre os nativos americanos (ADOVASIO; PAGE, 2011). De acordo com diversos estudiosos dessa área, seriam necessários mais que 10 mil anos para ocorrer tamanha diversificação.

[170] Podem constituir, portanto, mais uma indicação da ocorrência de mais de um pulso de chegada ao continente, por diferentes grupos humanos, com características culturais – inclusive linguísticas – distintas.

[171] ADOVASIO, J. M.; PAGE, J. Os primeiros americanos: em busca do maior mistério da arqueologia. Rio de Janeiro: Record, 2011.

apontava a "Clovis-First", e provavelmente em mais de um evento de chegada. Diversos sítios têm sido descritos em toda a América Latina e América do Sul, incluindo localidades no Nordeste e Centro-Oeste do Brasil, indicando nossa permanência no continente há pelo menos 25 mil anos. São sítios como Monte Verde (19 mil anos), no Chile, Arroyo del Vizcaíno (algumas polêmicas datações de 30 mil anos), no Uruguai, e sítios brasileiros (de até talvez cerca de 27 mil anos) estão entre alguns dos mais antigos descritos até então para o continente. É possível que grupos humanos tenham chegado por diferentes rotas, além das terrestres, também por marítimas, utilizando embarcações, e em vários momentos.

Quando os primeiros humanos chegaram aqui, depararam-se com uma incrível fauna, incluindo enormes mamíferos[172]. A América do Sul havia ficado isolada desde que se separou da África, há cerca de 120 milhões de anos, e esse isolamento permitiu o desenvolvimento de uma fauna bastante diferente e única. Alguns grupos de organismos conseguiram migrar entre as Américas, como roedores e primatas, que podem ter chegado por balsas de vegetação, um tipo de aglomeração natural de vegetação e porções de terra que se desprendem e por acidente transportam organismos atravessando rios e mares até o continente. Sendo um número de indivíduos suficiente para manter a espécie, eles se estabelecem no local, fundando ali uma nova população. Entretanto, foi provavelmente durante o Plioceno, entre 2,5 e 4 milhões de anos atrás, quando se formou o istmo do Panamá[173], uma estreita porção de terra que tirou a América do Sul do seu isolamento, ligando-a à América do Norte, que uma grande mudança ocorreu. Com essa ligação, foi possível um significativo intercâmbio faunístico e de outros organismos, chamado de "Grande Intercâmbio Americano" (em inglês, "Great American Biotic Interchange" ou GABI). Sendo assim, todo

---

[172] A esses animais de grandes proporções corporais, com mais de 44 kg, que povoaram vários continentes durante o Cenozoico, muitos autores se referem como "megafauna", um termo que não tem valor taxonômico, mas é utilizado para se referir genericamente a esses grandes animais, cujas dezenas de gêneros desapareceram até cerca de 10 mil anos atrás.

[173] Há controvérsias quanto à data dessa formação. Alguns autores chegam a falar em quase 30 milhões de anos em que essa passagem terrestre teria começado a se formar, e finalmente estaria formada entre 10 a 6 milhões de anos atrás. Entretanto, recentes estudos, incluindo análises moleculares de grupos animais atuais e fósseis, têm indicado datas mais recentes de divergência e especiação (ocorridas com a separação geográfica de populações de espécies marinhas após a formação do istmo, que se constituiu uma barreira, separando os oceanos Pacífico e Atlântico), de até cerca de 4 milhões de anos.

o nosso continente já foi habitado por cavalos nativos[174], ursídeos, tigres dentes-de-sabre[175], proboscídeos[176], camelídeos[177] e gigantes tatus[178] e preguiças[179], que se deslocaram entre a América do Norte e a América do Sul durante o Plioceno-Pleistoceno.

Figura 15 – Exemplo de megafauna pleistocênica que ocupou partes do continente americano. Desenho sem proporções reais

Fonte: Domínio Público, disponível em https://freesvg.org/mastodon-and-man

O intrigante é que, acompanhando o registro fóssil, é possível notar que dezenas de gêneros (pelo menos 40) desses mamíferos do Quaternário foram sendo extintos desde então, com alguns últimos remanescentes resistindo até cerca de 8 mil anos. A causa (ou as causas) dessas extinções são ainda desconhecidas. Alguns autores defendem que boa parte do motivo pode ter sido devido à influência do próprio GABI. Isso porque algumas espécies podem ter encontrado nos novos ambientes uma vasta oportuni-

---

[174] Os cavalos que encontramos atualmente na América foram trazidos pelos colonizadores europeus, não sendo, portanto, nativos. Entretanto, até cerca de 10 mil anos atrás faziam parte da megafauna brasileira ao menos dois gêneros de cavalos nativos: os gêneros *Equus* e *Hippidion*.

[175] Tanto os felídeos quanto os Thylacosmilidae, que eram marsupiais.

[176] Ordem dos elefantes atuais. Na América, essa ordem era representada pelos mamutes (que não cruzaram o istmo, sendo encontrados os seus fósseis apenas na América do Norte), os mastodontes e os gonfoterídeos.

[177] As extintas espécies de *Paleolama*.

[178] Pertencentes à Ordem Cingulata, são parentes distantes dos tatus atuais. Incluindo os pampatérios e os gliptodontes, esses representantes antigos podiam chegar ao tamanho de carros do tipo fusca.

[179] Diferentemente das preguiças atuais, aquelas não viviam em árvores, tinham tamanho entre 2,5 e 6 metros e deviam chegar a pesar até 4 toneladas. Para exemplos e ilustrações de todos esses animais, consultar Cione *et al.* (2015).

dade de se multiplicarem, por não terem ainda predadores estabelecidos e encontrarem locais favoráveis para a sua sobrevivência e reprodução, expandindo-se por algum tempo sem muito controle e modificando as paisagens. O fluxo de novos organismos permitiu também o intercâmbio de predadores, alterando as populações de suas caças e trazendo novos tipos de interações entre as espécies. Assim, as alterações causadas pelo GABI podem também ter influenciado algumas das extinções de grupos que ocorreram mais tarde, nos últimos milênios.

Outras possíveis explicações foram sendo elaboradas ao longo dos anos, muitas delas apontando para a influência dos grupos humanos recém-chegados ao continente. Uma delas foi mais aprofundada na década de 1960, pelo paleobiólogo estadunidense Paul Martin e colaboradores: a Hipótese da Grande Matança ou extinção por caça ("Overkill") considerava que os humanos teriam sido os principais responsáveis pela extinção desses grandes animais, por meio de uma pressão de caça extremamente acentuada, o que, de acordo com eles, seria comprovado pela indústria lítica de Clóvis, um indício do poder de caça desses grupos humanos. Já a Hipótese da Hiperdoença[180], desenvolvida na década de 1990, aponta que a própria chegada desses grupos já poderia constituir um problema, por conta dos microrganismos que chegaram com eles. Por não terem tido ainda contato com esses parasitas e potenciais patógenos, os animais que já se encontravam no continente tornaram-se fragilizados por esse contato, muitos deles se tornando bastante vulneráveis às doenças que passaram a circular entre os diversos organismos, tanto os novos quanto os que já habitavam esse território.

Entretanto, ainda atualmente, as evidências de caça são bastante escassas[181], principalmente na América do Sul. Além disso, estudos paleodemográficos indicam que a densidade populacional dos primeiros grupos não deve ter sido muito alta, talvez até mesmo devido às condições difíceis do caminho percorrido até adentrarem o continente. Apenas entre 12 e 8 mil anos as evidências de atividades humanas se tornam mais abundantes em toda a América, indicando que nessa época já deveria estar mais densamente ocupada, com populações entre algumas centenas a algumas milhares de pessoas, nos locais com mais recursos.

Em 2008 foi publicado um trabalho sobre a Hipótese do Zig-Zag Interrompido ou Quebrado ("Broken Zig-Zag"), proposta por Alberto Luis

---

[180] Do inglês "Hyperdisease hypothesis". Ver Macphee e Marx (1997) e Ferigolo (1999).

[181] Como indícios de caça, são consideradas, por exemplo, pontas de lança fincadas em restos de animais, clara demonstração de raspagem dos ossos ou de queima e marcas de corte.

Cione, Leopoldo Héctor Soibelzon e Eduardo Pedro Tonni, pesquisadores da División Paleontología Vertebrados do Museo de La Plata. Essa hipótese retoma diversas das tentativas de explicação anteriores, demonstrando que elas não são excludentes. Assim, o objetivo dos autores foi combinar o que teriam sido os dois principais fatores responsáveis pelo desaparecimento da megafauna: as oscilações climáticas ocorridas durante o Pleistoceno e a ação direta ou indireta dos grupos humanos.

As oscilações climáticas ocorridas durante o Pleistoceno levaram a uma expansão e retração da vegetação nos ambientes por diversas vezes durante essa época. As mudanças climáticas foram globais, mas as causas de extinção teriam sido eventos múltiplos, que variaram localmente. Na Austrália, por exemplo, onde também temos registros de grandes extinções da fauna nessa época, tais ocorrências coincidem com a chegada dos humanos em seu território, o que pode então ter sido um elemento crucial para tal evento. Já para a América, e em especial para a América do Sul, até então não temos evidências de caça em grandes proporções, que pudessem indicar que a ação humana, sozinha ou como fator principal, pudesse ter sido a causa do desaparecimento dessas espécies. Porém pode, sim, ter sido uma influência adicional.

Nos últimos dois milhões de anos, as oscilações climáticas ocorridas globalmente levaram a várias flutuações na fauna e flora em diversas partes do mundo. No continente americano, essas flutuações levaram à extinção de diversos grupos, incluindo os enormes animais da megafauna. Na América do Sul, os últimos remanescentes sobreviveram até cerca de 8 mil anos atrás. O último período glacial se encerrou há cerca de 12 mil anos, iniciando-se um período interglacial no qual ainda estamos vivendo. Essas oscilações levam a mudanças na paisagem, com ambientes que se alternam entre mais abertos ou fechados, e com taxas de umidade e faixas de temperatura sofrendo mudanças e alterando completamente a composição da flora e da fauna associada, alternando, por exemplo, entre florestas, bosques, desertos, pampas, cuja composição de espécies é bastante distinta.

As oscilações climáticas ocorridas durante o Pleistoceno levaram a alterações sucessivas nas paisagens, que alternavam em ora mais fechadas, ora mais abertas, relacionadas às variações nas taxas de umidade e temperatura no ambiente. Assim, havia momentos de maior e outros de menor disponibilidade de recursos para os grandes mamíferos. O resultado com o tempo pode ter sido uma redução da sua biomassa, que é o número de indivíduos encontrados por área. As populações remanescentes ficavam restritas a ilhas de vegetação, que se expandiam ou retraíam de acordo com os períodos glaciais ou interglaciais.

Essa restrição a esses espaços menores, e com redução do número de indivíduos, deve ter trazido inúmeros problemas relacionados à diminuição populacional. No caso de os cruzamentos consanguíneos terem se tornado consequentemente mais frequentes, a diversidade genética das populações deve ter sido reduzida, com indivíduos com menor possibilidade de enfrentarem adversidades ambientais e mais suscetíveis a doenças relacionadas ao cruzamento entre indivíduos aparentados. Além disso, por estarem isolados nessas manchas de vegetação, o fluxo gênico (troca genética entre os indivíduos de diferentes populações) deve ter ficado bem mais difícil, o que também contribui muito para esse empobrecimento genético, deixando as populações com um menor repertório de resposta a patógenos e doenças em geral e a alterações no ambiente. Mesmo quando as áreas propícias à sua sobrevivência voltavam a se expandir, pode ser que a partir de algum momento essas populações já não fossem viáveis, até que não mais conseguiram se recuperar. O que os autores chamam de Zig-Zag é justamente essa alternância entre a biomassa das populações durante essas mudanças no ambiente, em que elas diminuem e depois voltavam a se recuperar e se estabelecer, quando o ambiente ficava de novo mais favorável. O que essa hipótese propõe é que ao introduzir um elemento novo nessa dinâmica, que foi a chegada[182] dos grupos humanos, a condição de restabelecimento foi interrompida, pois as populações fragilizadas tiveram ainda mais indivíduos retirados, seja de forma direta, por caça, seja de forma indireta, por meio de outros tipos de interação, até um ponto em que não conseguiram mais se recuperar.

Certas características biológicas das próprias espécies poderiam também influenciar na permanência das suas populações ao longo do tempo nessas condições aqui apontadas, dificultando a sua manutenção e sobrevivência, e aumentando a sua fragilidade. Tais características estariam relacionadas ao porte (tamanho e massa corporal) desses indivíduos. Nós as resumimos no quadro 1.

Quadro 1 – Algumas características biológicas das espécies de grandes mamíferos atuais que poderiam estar presentes nos grupos antigos e aumentar a sua vulnerabilidade sob as condições desfavoráveis discutidas no capítulo

---

[182] Ou, quem sabe, o aumento no número de indivíduos nas populações humanas, aumentando a pressão de caça e as interações com as populações desses outros animais.

TAXA REPRODUTIVA

A quantidade de vezes que uma fêmea consegue reproduzir por ano. Por conta dos longos períodos de gestação, de lactância e de anos necessários de cuidado parental que ocorrem com os grandes mamíferos atuais, e provavelmente deveriam ocorrer de forma semelhante na megafauna extinta, é possível que as fêmeas não dessem à luz mais de uma vez por ano, e possivelmente cerca de seis vezes durante toda a vida. Esse número baixo pode fazer com que o número de indivíduos na população não aumente muito ao longo dos anos, e que cada fêmea retirada (por caça ou outro fator que a leve à morte) tenha uma grande influência na viabilidade populacional.

IDADE EM QUE AS FÊMEAS ATINGEM A MATURIDADE SEXUAL

Com qual idade as fêmeas podem ter os seus primeiros filhotes. Nas espécies de mamíferos de médio porte atuais, essa idade pode ser a partir de 6 meses. Entretanto, no caso dos grandes mamíferos terrestres, como elefantes e rinocerontes, essa idade pode ser acima dos 10 anos. Isso significa que o indivíduo precisa sobreviver mais de uma década a todas as adversidades ambientais para começar a deixar seus primeiros descendentes.

DURAÇÃO DO PERÍODO DE GESTAÇÃO

É um período em que a fêmea se encontra mais vulnerável, e que nos megamamíferos atuais pode chegar a quase dois anos, como é o caso das espécies de elefantes.

DURAÇÃO DO PERÍODO DE LACTAÇÃO

É bastante variável entre as espécies. É também bastante custoso para a mãe, que precisa obter e alocar energia para a produção do leite, que vai nutrir e permitir o crescimento e desenvolvimento do filhote. Além de todas as alterações fisiológicas, morfológicas e comportamentais a que é submetida.

DURAÇÃO DO PERÍODO DO CUIDADO PARENTAL

É comum, entre os megamamíferos, uma dependência por anos por parte dos filhotes, sendo esse convívio também necessário para aprenderem como e onde buscar alimentos, água, abrigo e aprenderem sobre comportamento social do grupo. Dessa forma, em muitas espécies, por mais de 2 a 3 anos a cria fica totalmente dependente do cuidado dos adultos, sendo extremamente vulnerável.

Fonte: modificado de Soibelzon (2008)[183]

Como discutimos, a chegada dos primeiros humanos deve ter ocorrido há pelo menos 20 mil anos. Esse evento pode ter aumentado a pressão sobre essas populações, fragilizadas pela diminuição do seu número populacional devido a todos os fatores apontados anteriormente. Assim, elas podem ter

---

[183] SOIBELZON, L. H. Broken Zig-Zag: Una nueva hipótesis sobre las causas de la extinción de los megamamíferos en América del Sur. *Museo*, v. 3, p. 24-28, 2008.

ficado ainda mais vulneráveis com a atuação dos humanos que chegaram e se estabeleceram no continente, seja por ação direta, por meio da caça, com a retirada de indivíduos, seja por ação indireta, com as alterações causadas na dinâmica dos ambientes. Por exemplo, com transmissão de patógenos e introdução de doenças para as quais esses indivíduos ainda não tinham defesa ou outro conjunto de fatores, que tenham causado ainda mais danos a essas populações já em declínio. Sendo assim, em resumo, as mudanças climáticas devem ter sido uma das maiores causas do declínio dessas populações, e a atuação dos grupos humanos (por caça, por contaminação por parasitas ou patógenos em geral e por alterações no ambiente) pode ter sido mais um elemento, e talvez um acelerador, desses processos de extinção.

Foi ao analisar os fósseis da megafauna das Américas que o naturalista francês Georges Cuvier definiu, no final do século XVIII, o conceito de extinção de espécies, que não tinha uma caracterização bem estabelecida até então. Por meio da Anatomia Comparada, descreveu espécimes de proboscídeos, demonstrando que os mamutes encontrados no Novo Mundo, os elefantes asiáticos e os elefantes africanos eram espécies distintas. A inclusão dos organismos fósseis nos sistemas de classificação taxonômica, utilizando-os nas comparações com os organismos viventes, foi também uma importante novidade. Porém, a despeito da sua enorme contribuição para diversas áreas do conhecimento, em especial para a Paleontologia, Cuvier cometeu enormes erros. Um deles foi o fato de não aceitar a ideia de evolução biológica, e considerar que as extinções fossem sempre decorrentes de algum tipo de catástrofe (corrente de pensamento que ficou conhecida como Catastrofismo[184]), com espécies antigas, que então seriam eliminadas por tais eventos, sendo substituídas por espécies novas.

Um pouco mais tarde, no século XIX, o brilhante naturalista dinamarquês Peter Lund mudou-se para o Brasil, estabelecendo-se na região de Lagoa Santa (interior do estado de Minas Gerais), atualmente bastante conhecida por conta dos famosos esqueletos do povo de Luzia. Cientificamente chamada de "Hominídeo I" – Lapa Vermelha IV, Luzia foi descoberta entre os anos 1974 e 1975, por uma equipe franco-brasileira liderada pela arqueóloga Annette Laming-Emperaire. Datada em cerca de 11,5 mil anos, constitui os restos fossilizados (portanto, evidência direta) mais antigos de humanos no nosso continente, sendo, portanto, de extrema importância para essa discussão arqueológica. Décadas antes de Luzia ser encontrada, Lund já visitava sítios da região, chegando a orientar estudos em cerca de 800 cavernas, abrigos sob rocha e grutas, fazendo inúmeras descobertas e contribuições de pesquisa. Nessas cavernas, ele se deparou com fósseis de uma fauna extinta impressionante, que incluía tigres dentes-de-sabre, cavalos, mastodontes, preguiças e tatus gigantes. Em alguns desses sítios, Lund encontrou fósseis de indivíduos humanos nos mesmos níveis estratigráficos desses animais atualmente extintos, apontando evidências, pela primeira vez para o continente, de coexistência e convivência entre eles. Essa convivência já era esperada por outros pesquisadores, porém não havia provas claras até então. Resolvida essa dúvida, foi retomada outra questão: qual era a relação entre esses grupos humanos antigos e os outros animais que habitavam o continente americano quando eles chegaram.

---

[184] A teoria catastrofista afirmava que periodicamente eventos geológicos catastróficos (chamados por Cuvier de "revoluções") ocorrem no planeta, causando grandes extinções que dizimam boa parte das espécies existentes. Após essa fase, novas espécies surgem, além das sobreviventes, que migram para os locais mais atingidos, repovoando esses ambientes. Para fortalecer sua teoria, Cuvier utilizou grandes animais fósseis do Novo e do Velho Mundo, como os proboscídeos aqui citados, afirmando que se não ocorressem tais substituições, ainda teríamos essa grande fauna existindo em algum lugar. O grande erro de Cuvier foi acreditar que apenas dessa forma, pelas revoluções, é que haveria mudanças tanto nas características da superfície do planeta quanto na ocorrência de espécies biológicas. Vale lembrar que ele não acreditava na ideia de evolução biológica, mas sim defendia que as espécies eram fixas, imutáveis, ou seja, não sofreriam modificações ao longo do tempo. Sendo assim, não concebia a ideia, por exemplo, de que espécies fossilizadas poderiam ser ancestrais de espécies viventes. De acordo com as suas convicções, a modificação dos organismos ocorreria sempre por substituição das espécies antigas, dizimadas pelas revoluções, e não poderia ser de forma gradual, lenta e contínua, com pequenas alterações acumuladas ao longo do tempo, como era defendido por pesquisadores como Lamarck (a quem se opunha fortemente em várias discussões, chegando a ridicularizá-lo após sua morte), como o geólogo britânico Charles Lyell (que utilizou a ideia de gradualismo na Geologia para compor a sua tese do uniformitarismo), e como iria se popularizar essa ideia após a publicação dos trabalhos de Alfred Wallace e de Charles Darwin (este último em A Origem das Espécies), cinco décadas depois.

De fato, ainda são raras as evidências de interação entre os humanos antigos e a megafauna, e por isso é um tema que gera inúmeras discussões mesmo atualmente. Embora haja uma quantidade considerável de sítios com indústria lítica e restos de animais da megafauna pleistocênica nos mesmos níveis estratigráficos, ainda há uma resistência da maioria dos pesquisadores em considerar que tipo de relações havia entre as populações humanas e as demais espécies encontradas na fauna brasileira e sul-americana até cerca de dez mil anos atrás. Esses pesquisadores defendem que, enquanto não houver evidências diretas (por exemplo, ossos desses animais com pontas de flechas cravadas diretamente neles), não é possível afirmar a convivência e inclusive predação desses grandes mamíferos.

Diferentemente de períodos históricos, em que é possível acessar textos escritos de membros, observadores e pesquisadores relatando e fazendo observações diretas do seu cotidiano, nos estudos de populações antigas é necessário utilizar vestígios e evidências indiretas de suas atividades. A análise dos fósseis corporais[185] e de objetos utilizados por essas populações humanas pode nos dar indícios da sua origem e ancestralidade, as doenças que circulavam entre esses grupos, sua alimentação, e outros hábitos de vida. Mas há também as evidências indiretas, o patrimônio imaterial, que pode ter uma importância inestimável não apenas como registro das suas expressões culturais, mas também desses hábitos de vida e de suas interações com outros organismos que já habitavam esses territórios.

Existem algumas lendas amazônicas que podem ter se originado da convivência dos primeiros humanos no continente com a megafauna pleistocênica. O argumento é que populações já raras, quase extintas, podem ter sido vistas por alguns humanos, que tiveram contato e ficaram impressionados com esses indivíduos remanescentes. Florentino Ameghino, importante paleontólogo argentino, que descreveu inúmeros fósseis sul-americanos no século XIX, propôs que a lenda do Mapinguari[186] pode ter se originado da observação de alguma das espécies de preguiças-gigantes, cujos últimos indivíduos podem ter

---

[185] Por meio da análise de suas características anatômicas, comparando a povos de diferentes lugares do mundo. A depender do grau de preservação desses fósseis, é possível, adicionalmente, tentar extrair DNA antigo, um tipo de pesquisa que é relativamente recente no Brasil.

[186] O Mapinguari seria uma enorme criatura, relatada por diversos grupos indígenas atuais que habitam a região amazônica, que se referem ao ser como se ele fosse conhecido por gerações muito anteriores (pelos "avós dos bisavós"), às vezes descrito como um "bicho-preguiça gigante", às vezes como um "macacão" ou "macaco-preguiça gigante", com enormes unhas em forma de garras, barulhento, muito alto, ameaçador (pelo seu tamanho e/ou pela ferocidade, depende do relato), de andar bípede curvado, que se locomove afastando as árvores com seus enormes braços, e exalando um cheiro forte e horrível.

sobrevivido até pelo menos cerca de 10 mil anos atrás, e convivido com populações humanas pré-ameríndias. Alguns autores não acreditam nessa versão, e apontam diferenças significativas entre o Mapinguari e as preguiças gigantes, por exemplo, o fato de ele não apresentar cauda, e ser descrito assemelhando-se mais a algum tipo de primata. Além disso, essas criaturas seriam carnívoras, chegando a consumir inclusive carne humana em alguns dos relatos. Entretanto, há algumas diferentes versões da lenda do Mapinguari, e obviamente, ao longo das gerações, as informações podem sofrer inúmeras modificações, transformando as histórias em algo totalmente diferente da transmissão original.

Talvez nunca saibamos com certeza quais animais deram origem a tais histórias, ou quais seriam os limites entre o real e a imaginação nessas antigas lendas amazônicas. Entretanto, há outras evidências que podem nos fornecer mais pistas sobre com quem tivemos contato no passado. É o caso das manifestações artísticas e culturais que ficaram registradas de alguma forma em materiais resistentes ao tempo.

Foi Lund também quem registrou, pela primeira vez, a arte rupestre sul-americana. Desde então, registros têm sido feitos à medida que esse tipo de estudo se aprofunda. Pinturas rupestres, por exemplo, podem indicar possíveis domesticações e manejo de animais e plantas, representando cenas da rotina dos grupos humanos antigos, com suas estratégias de subsistência, ou retratando, nas imagens, características morfológicas que indiquem algum grau de domesticação dos organismos. Outras revelações vindas das pinturas dizem respeito às interações sociais entre a fauna representada[187], como interações entre machos e fêmeas, disputas entre indivíduos, deslocamento de manadas, cuidado parental. Assim como a relação dos grupos humanos antigos com esses outros animais. Também fornecem indicações de plantas que eram utilizadas por essas populações, e até as que começavam a ser cultivadas ou ao menos sofriam algum tipo de manejo. Informações sobre plantas e animais que ocorriam naquele ambiente, indicações da relação dos grupos humanos com eles. Em conjunto com outras evidências arqueológicas e paleontológicas (por exemplo, análise de coprólitos, que são fezes fossilizadas, restos deixados em fogueiras e em objetos de preparação e armazenamento de alimentos), é possível saber sobre dieta, estratégias de subsistência e hábitos alimentares, cotidianos e culturais desses grupos (cerimônias rituais, hábitos de caça, sepultamentos etc.).

Na América do Sul, há regiões com sítios arqueológicos valiosíssimos para tais discussões. Na região Nordeste do Brasil, no estado do Piauí, há

---

[187] Como exemplo, ver Morcote-Ríos et al. (2020) e Brumm et al. (2021).

o Parque Nacional da Serra da Capivara. Criado em 1979, esse parque apresenta uma área de 130 mil hectares, onde já foram registrados mais de 1.000 sítios paleontológicos e arqueológicos. Vários desses sítios abrigam centenas de pinturas e gravuras rupestres em áreas abertas, em cavernas e em abrigos sob rocha, sendo datadas em pelo menos 12 mil anos, e representando um dos maiores complexos de inscrições rupestres no mundo.

Entre essas pinturas estão representadas cenas de danças, partos, amamentação, atividades sexuais, utilização de plantas em rituais, celebrações, conflitos, momentos de lazer e de outras interações sociais. Há também representações de atividades de coleta, de pesca, de caça em pequenos e em grandes grupos, utilizando-se de diversos tipos de ferramentas, como redes de pesca e lanças, e a divisão posterior da caça entre os indivíduos. Tais registros gráficos permitem reconstituir o cotidiano dessas populações, bem como sua relação com o ambiente em que estavam inseridas. Sobre isso, o pesquisador brasileiro Justamand afirma: "As pinturas atuavam como meio de conservação das informações e conhecimentos acumulados, auxiliando no desenvolvimento desses instrumentos técnicos"[188].

É possível separar os grupos em diferentes tradições culturais, de acordo com o estilo das pinturas, e como são representados os corpos e as paisagens. Além disso, é possível também utilizar esses registros para se ter uma noção das alterações no paleoambiente ao longo do tempo: observando as pinturas mais antigas, percebemos que parte da fauna e flora representadas não ocorre mais na região. O Parque engloba as localidades de São Raimundo Nonato, Coronel José Dias, São João do Piauí e Canto do Buriti, municípios inseridos em uma região de Caatinga, um bioma brasileiro cujo clima semiárido é marcado por altas temperaturas (média de 25 a 30 °C anuais) e baixa umidade na maior parte do ano, o que leva em muitos lugares a uma vegetação com predomínio de cactáceas e outros grupos típicos de áreas secas, além da ocorrência de diversos rios de regime intermitente. Entretanto, os painéis com animais como as capivaras, que, de tão comuns nas representações, dão nome ao parque, indicam que alguns milhares de anos atrás aquela região era bastante diferente. Era bem mais úmida e com outro tipo de vegetação, que abrigava e proporcionava recursos que permitiam a manutenção das populações desses animais de grande porte.

---

[188] JUSTAMAND, M. *O Brasil desconhecido*: as pinturas rupestres de São Raimundo Nonato Piauí. 2007. Tese (Doutorado em Ciências Sociais) – Pontifícia Universidade Católica de São Paulo, São Paulo, 212 f., 2007.

As datações para os sítios da Serra da Capivara são fonte ainda de bastante controvérsia, mas utilizando as análises de outros tipos de vestígios acredita-se que a ocupação humana no local deve ter uma antiguidade de pelo menos 20 mil anos, o que sugere que esses primeiros grupos foram contemporâneos à megafauna pleistocênica, ou pelo menos àquelas espécies que ainda eram viventes nesse momento. De fato, os sítios paleontológicos revelam uma megafauna que circulava pela região até pelo menos 10 mil anos atrás. Já foram encontrados fósseis de tigre dentes-de-sabre, preguiças e tatus gigantes, cavalos nativos da América, camelídeos, canídeos e proboscídeos. Entretanto, não foram identificadas com segurança nenhuma pintura que demonstrasse claramente relações de contato com esses remanescentes.

Essa situação é diferente em sítios recém-descritos mais detalhadamente na região da Amazônia. Eles se mostraram ricos não apenas em artefatos líticos e em ossos desses grandes animais, mas também em surpreendentes pinturas de indivíduos humanos ao lado desses grandes animais, evidenciando a diferença de tamanho entre as espécies, além de representações do que se assemelham a instrumentos de caça. É o caso de Serranía La Lindosa. Situada no noroeste da Colômbia, ela faz parte de um complexo encontrado nos últimos anos na região amazônica. Tais sítios indicam uma ocupação humana de pelo menos 12 mil anos[189] na região, tendo, como indícios, materiais líticos, restos de fogueiras e pinturas em dezenas de painéis em abrigos sob rocha. São desenhos de figuras geométricas, marcas de mãos, além de registros de plantas, animais, e cenas de interação entre os indivíduos humanos e toda essa diversidade local. Uma das partes mais impressionantes desses painéis é que eles registram inclusive interações com animais com características anatômicas diferentes dos animais que encontramos atualmente em todo o continente. São animais com estruturas semelhantes a probóscides, ou com tamanhos descomunalmente maiores que os humanos que os tentam caçar em várias das cenas representadas. Todas essas características levantam uma suspeita de que os grupos representados sejam na verdade animais atualmente extintos da megafauna, em surpreendentes registros que indicam que de fato as antigas populações humanas do continente americano coexistiram, conviveram

---

[189] Na verdade, unindo o conjunto de evidências da arqueobotânica, da zooarqueologia e palinológicas encontradas na região, alguns pesquisadores defendem que esses primeiros grupos humanos devem ter chegado bem antes, há pelo menos 20 mil anos, mas que nesse período de 12 mil anos estavam bem estabelecidos, com algum manejo e cultivo de plantas, com estratégias mais eficientes de caça e pesca, que devem ter permitido inclusive um aumento populacional, e um consequente maior número de rastros e restos sendo deixados nos sítios desde então.

e interagiram com esses grandes mamíferos, inclusive com estratégias de caça ou tentativas de caça.

Sendo assim, La Lindosa é uma fonte de evidências que nos demonstra que talvez ainda tenhamos muito o que encontrar e descrever de indícios que nos indiquem com quem convivíamos, quando, como era a nossa interação com esses organismos e com a paisagem em tempos remotos. E é surpreendente e maravilhoso que além das indicações mais clássicas e indiretas, como ferramentas, fogueiras e evidências de caça, possamos somar manifestações simbólicas, que além de tudo nos revelam os cenários em que toda essa dinâmica acontecia.

Materiais culturais mais recentes podem ajudar também a desvendar alguns mistérios sobre a origem de doenças. Com a chegada dos colonizadores europeus no século XV, além da violência e do modo de vida impostos pelos recém-chegados, foram trazidas dezenas de doenças, que causaram epidemias e contribuíram para o genocídio dos povos nativos americanos. Nos séculos seguintes, espanhóis e portugueses mantiveram centenas de milhares de indivíduos negros africanos escravizados, trazendo-os para trabalharem nas colônias. Sendo assim, foi intensa a circulação de doenças entre todos os povos que foram envolvidos nessa dinâmica, e é comum atualmente, nos estudos epidemiológicos, ainda termos algumas incertezas sobre a origem das doenças mais comuns desse período.

Um exemplo são as dúvidas relacionadas às leishmanioses. Elas são, na verdade, um conjunto de doenças parasitárias que ocorrem atualmente em mais de 80 países, tropicais e subtropicais. No caso específico da leishmaniose tegumentar americana (LTA), é causada por protozoários do gênero *Leishmania*, que têm como hospedeiros vertebrados diversos, mamíferos, inclusive os humanos. Uma das suas formas é a cutaneomucosa (LCM), que é caracterizada por lesões agressivas, que podem atingir a região dos lábios e destruir a cartilagem do nariz, comprometendo o septo e causando mudanças anatômicas, o que resulta em deformidades na face da pessoa doente. Os primeiros registros escritos da doença constam em documentos espanhóis do século XV (que se referem ao chamado "mal en las narices[190]"), descrevendo sua ocorrência em indígenas na América do Sul. Entretanto, bem mais antigos, datando do século primeiro depois de Cristo, estão potes de cerâmica peruana pré-Inca, além de outras peças do Equador e da Colômbia, que apresentam representações de humanos com

---

[190]   Do português o "mal dos narizes" ou "doença dos narizes".

mutilações nas regiões dos lábios e do nariz, lesões bastante semelhantes àquelas causadas pela leishmaniose cutaneomucosa. Como se trata de um período histórico, é possível unir os escritos de pesquisadores que viajavam pelo continente, documentando as paisagens naturais e as interações sociais, a evidências indiretas, como pinturas, esculturas e cerâmicas. Unindo os registros etno-históricos com os objetos culturais, é possível observar que ambos ocorrem em locais que ainda hoje são endêmicos para a doença, sugerindo que, de fato, podem estar se referindo à LCM. Ela pode ter aparecido primeiro aqui na América do Sul, talvez na região amazônica, posteriormente sendo difundida em outros lugares do mundo, por meio da circulação dos colonizadores europeus. Atualmente, análises moleculares dos parasitas, e outros estudos biológicos incluindo os hospedeiros, somam-se a essas evidências indiretas, reforçando a possibilidade de uma origem amazônica dessas doenças.

CONSIDERAÇÕES FINAIS

Não me iludo
Tudo permanecerá do jeito que tem sido
Transcorrendo, transformando
Tempo e espaço *navegando todos os sentidos*
(Gilberto Gil, Tempo Rei)

O que nos define como humanos? O que define a espécie humana? Se alguém te fizesse essas perguntas, como você responderia? A capacidade de utilizar ferramentas, o andar bípede, a apurada capacidade de comunicação. Provavelmente uma dessas ou todas essas respostas viriam à sua cabeça. Entretanto, se pensarmos bem, diversos grupos animais podem realizar esses feitos, em maior ou menor grau. Macacos utilizam ferramentas, chimpanzés mantêm um andar bípede durante várias das suas atividades diárias, e diversos animais têm sido estudados por conta da sua complexa comunicação. Sendo assim, isoladamente, nenhuma dessas características poderia nos definir realmente. Entretanto, há uma característica que é exclusividade nossa: a capacidade simbólica. Entre as manifestações dessa capacidade, uma das mais intrigantes é a arte.

As vantagens adaptativas da criatividade, da comunicação e da linguagem são evidentes. Porém, no caso específico da arte, ela parece surgir em parte como uma necessidade do artista, que, dessa forma, expressa a sua relação e do seu grupo com o meio ao qual estão intimamente ligados. Ela não parece, portanto, nascer especialmente com uma utilidade prática (como seria o caso de um instrumento que modifica de forma mais eficiente o ambiente) ou como uma característica que oferece uma maior possibilidade de sobrevivência ou de reprodução diferencial. Sob o paradigma da evolução, essa informação leva a pensar por que, então, uma característica que não confere vantagens adaptativas óbvias de início se manteve, espalhou-se para todos os grupos, fixou-se e tornou-se uma característica inerente à espécie. Alguns dos grandes enigmas são: é a arte um elemento indispensável para a nossa espécie? Como a seleção natural pode ter atuado sobre ela? Terá a arte sido trabalhada pela seleção sexual? Ou será que apareceu como uma consequência do desenvolvimento de outros processos cognitivos, esses, sim, relacionados a vantagens adaptativas e sob forte pressão seletiva. Por exemplo, observar a intensidade das pegadas de uma possível presa e ter uma noção de qual é o seu tamanho, peso, idade, direção e há quanto tempo passou naquele local é de uma importância indiscutível. Poderia o tempo, apurando essas habilidades de interpretação, levar ao desenvolvimento da percepção de um conjunto de cheiros, formatos, intensidade, cores e sabores e aprimorar de tal forma nossos sentidos, que extrapolamos essas sensações para a percepção de todos os elementos da paisagem, incluindo outros indivíduos e nós mesmos?

Ao observar o céu, queremos entender cada um daqueles pontos brilhantes tanto quanto queremos compreender a origem das nossas sensações e emoções. Ao pensar nos primeiros objetos de arte, ou nas pinturas em locais de extrema dificuldade de acesso em cavernas, percebe-se que essas não eram tão acessíveis a todos os indivíduos do grupo. Será que ela já foi uma necessidade individual em uma linhagem altamente social? O paleoantropólogo Juan Luis Arsuaga afirma que, como resultado da nossa história evolutiva, nossa espécie convive com "duas identidades", a individual e a coletiva, sendo uma permanente contradição e que isso leva ao desenvolvimento de processos cognitivos complexos e únicos[191].

Nessa história evolutiva envolvendo a arte, um elemento indispensável é a linguagem. Com o desenvolvimento das capacidades cognitivas dos hominínios, os grupos foram ficando cada vez maiores, e a sua capacidade de deslocamento foi facilitada cada vez mais pelas inovações tecnológicas, com a exploração de variados tipos de matéria-prima e o aprimoramento da produção e uso criativo de uma crescente gama de ferramentas e instrumentos que ajudavam a lidar com as variações do ambiente. A linguagem é um método extremamente eficiente de comunicar – ou seja, passar adiante – informações não apenas sobre essas novas tecnologias, mas também sobre a produção simbólica, aumentando as possibilidades de troca de informação e de disseminação de todo o conhecimento, permitindo que ele se acumule a cada geração, em vez de ser perdido ou desaparecer com a morte dos indivíduos ou grupos.

A nossa espécie estuda a própria espécie, descrevendo, analisando e ficando intrigada com o próprio comportamento e emoções. Mas não precisamos recorrer a elementos externos, antinaturais ou extranaturais para tentarmos entender a nossa evolução e o aparecimento da capacidade simbólica e, mais tarde, da arte. Animais que somos, seguimos as mesmas regras e leis naturais de qualquer outro organismo vivo, e assim como os demais grupos entre esses organismos, temos nossas características próprias,

---

[191] ARSUAGA, J. L. *O colar do neandertal*: em busca dos primeiros pensadores. São Paulo: Globo, 2005.

algumas singulares, que nos levam a caminhos singulares, particulares, em interação constante com o ambiente ao nosso redor. Nossas características únicas nos trouxeram e continuam nos guiando pelo caminho de sermos os únicos animais atuais a observar o nosso entorno e a nossa espécie tentando interpretar e modificar o que vemos e o que não vemos. Inclusive querendo interpretar, compreender e analisar a nós mesmos, por meio das religiões, da ciência ou da arte – todas elas criações humanas. E é por esse motivo que o ideal é que os estudos que se propõem a analisar e compreender esse tema tenham um caráter multidisciplinar, buscando situar as variações do comportamento da nossa linhagem em um contexto evolutivo natural e social.

REFERÊNCIAS

ADOVASIO, J. M.; PAGE, J. **Os primeiros americanos:** Em busca do maior mistério da arqueologia. Rio de Janeiro: Record, 2011.

ALCOCK, J. **Animal behavior:** an evolutionary approach. 9. ed. Massachusetts: Sinauer Associates, 2009.

ALTAMIRANO-ENCISO, A. J. *et al.* Sobre a origem e dispersão das leishmanioses cutânea e mucosa com base em fontes históricas pré e pós-colombianas. **História, Ciências, Saúde**, Manguinhos, v. 10, n. 3, p. 853-882, 2003.

ARAÚJO, A. M. Vladimir A. Kostitzin, teórico, ignorado pelos arquitetos da síntese evolutiva. **Filosofia e História da Biologia**, [S. l.], v. 2, p. 5-22, 2007.

ARSUAGA, J. L. **O colar do neandertal**: em busca dos primeiros pensadores. São Paulo: Globo, 2005.

BARNOSKY, A. D.; KOCH, P. L.; FERANEC, R. S.; WING, S. L.; SHABEL, A. B. Assessing the causes of late Pleistocene extinctions on the continents. **Science**, [S. l.], v. 306, n. 5693, p. 70-75, 2004.

BARTON, R.; DUNBAR, R. I. M. Evolution of the social brain. *In:* BYRNE, R.; WHITEN, A. (ed.). **Machiavellian Intelligence**. Cambridge: Cambridge, 1997. v. 2.

BENAZZI, S. The first modern Europeans. **Journal of Anthropological Sciences**, [S. l.], v. 90, p. 1-4, 2012.

BERGMAN, T. J. *et al.* Hierarchical classification by rank and kinship in baboons. **Science**, [S. l.], v. 302, n. 5648, p. 1234-1236, 2003.

BISIO, M. C.; PANZERI, C. F.; NASCIMENTO, C. S. I.; PEIXOTO, B. C. P. M. Marrocos e suas relíquias: Novos fósseis no Marrocos apontam que a espécie humana é mais antiga do que se pensava. **Temas Atuais em Biologia**, [S. l.], v. 5, 2017.

BRAIN, C. K. **The hunters or the hunted?** An introduction to African cave taphonomy. Chicago: University of Chicago Press, 1981.

BRODMANN, K. **Vergleichende Lokalisationslehre der Grosshirnrinde in ihren Principien, dargestellt auf grund des Zellenbaues**. Leipzig: Johann Ambrosius Barth Verlag, 1909.

BRUMM, A. *et al.* Oldest cave art found in Sulawesi. **Science Advances**, [*S. l.*], v. 7, n. 3, p. eabd4648, 2021.

BRUMM, A.; OKTAVIANA, A. A.; BURHAN, B. *et al.* Do Pleistocene rock paintings depict Sulawesi warty pigs (*Sus celebensis*) with a domestication character? **Archaeology in Oceania**, [*S. l.*], v. 56, n. 3, p. 149-172, 2021.

BURNIE, D.; WILSON, D. E. (ed.). **Animal**: the definitive visual guide to the world's wildlife. New York: DK Publishing; University Press, 2001.

BYRNE, R. W.; WHITEN, A. (ed.). **Machiavellian Intelligence**: social expertise and the evolution of intellect in monkeys, apes and humans. Oxford: Clarendon Press, 1997.

CAVALLI-SFORZA, L. L. **Genes, povos e línguas**. São Paulo: Companhia das Letras, 2003.

CHAIA, M. (org.). **Arte e política.** Rio de Janeiro: Azougue, 2007.

CHÁVEZ, M. **Los animales de la Edad del Hielo**: Breve historia de la fauna sudamericana. *In:* Pilauco, Un Sitio Complejo Del Pleistoceno Tardío. Valdivia: Universidad Austral de Chile, 2008. p. 19-26.

CHESTER, S. G. B. *et al.* Oldest skeleton of a plesiadapiform provides additional evidence for an exclusively arboreal radiation of stem primates in the Palaeocene. **Royal Society Open Science**, [*S. l.*], v. 4, n. 5, p. 170329, 2017.

CHEYNE, J. A.; MESCHINO, L.; SMILEK, D. Caricature and contrast in the Upper Palaeolithic: Morphometric evidence from cave art. **Perception**, [*S. l.*], v. 38, p. 100-108, 2009.

CIONE, A. L.; GASPARINI, G. M.; SOIBELZON, E.; SOIBELZON, L. H.; TONNI, E. P. **The Great American Biotic Interchange:** a South American perspective. Dordrecht: Springer Netherlands, 2015.

CONARD, N. J. A female figurine from the basal Aurignacian of Hohle Fels Cave in southwestern Germany. **Nature**, [*S. l.*], v. 459, n. 7244, p. 248-252, 2009.

COPPENS, Y. East side story: The origin of humankind. **Scientific American**, [*S. l.*], v. 270, n. 5, p. 88-95, 1994.

CURTIS, C.; MILLAR, C. D.; LAMBERT, D. M. The Sacred Ibis debate: The first test of evolution. **PLoS Biol**, [*S. l.*], v. 16, n. 9, e2005558, 2018.

CUVIER, G. Mémoires sur les espèces d'éléphants vivants et fossiles. **Magasin Encyclopédique ou Journal des Sciences, des Lettres et des Arts**, [*S. l.*], v. 3, p. 440-445, 1799.

DALGALARRONDO, P. **Evolução do cérebro**: sistema nervoso, psicologia e psicopatologia sob a perspectiva evolucionista. Porto Alegre: Artmed, 2011.

DARWIN, C. [1859]. **A origem das espécies**. Tradução: Eugênio Amado. Belo Horizonte: Villa Rica, 1994.

DARWIN, C. **On the origin of species by means of natural selection**. 2. ed. London: John Murray, 1860.

DARWIN, C. **A origem do homem e a seleção sexual**. Curitiba: Hemus, 2002.

DARWIN, C. **A origem das espécies**. Rio de Janeiro: Ediouro, 2004.

DEFELIPE, J.; ALONSO–NANCLARES, L.; ARELLANO, J. I. Microstructure of the neocortex: Comparative aspects. **Journal of Neurocytology**, [*S. l.*], v. 31, p. 299-316, 2002.

DOBZHANSKY T. Nothing in biology makes sense except in the light of evolution. **American Biology Teacher**, [*S. l.*], v. 35, n. 3, p. 125-129, 1973.

DUNBAR, R. I. M. Coevolution of neocortical size, group size and language in humans. **Behavioral and brain sciences**, [*S. l.*], v. 16, p. 681-735, 1993.

DUNBAR, ROBIN I. M. The social brain hypothesis. **Evolutionary Anthropology**, [*S. l.*], p. 178-190, 2008.

FALÓTICO, T.; OTTONI, E. B. Stone Throwing as a Sexual Display in Wild Female Bearded Capuchin Monkeys, *Sapajus libidinosus*. **PLoS ONE**, [*S. l.*], v. 8, n. 11, e79535, 2013.

FALÓTICO, T.; OTTONI, E. B. The manifold use of pounding stone tools by wild capuchin monkeys of Serra da Capivara National Park, Brazil. **Behaviour**, [*S. l.*], v. 153, n. 4, 421-442, 2016.

FARIA, F. F. Georges Cuvier e a constatação do fenômeno da extinção. **Boletim de História e Filosofia da Biologia**, [*S. l.*], v. 4, n. 3, p. 8-11, 2010.

FARIA, F.; DEVÈZE, R. **Variorum das obras de Georges Cuvier**: Discurso Preliminar do Recherches sur les ossemens fossiles (Investigações sobre ossadas fósseis) 1812, contendo a Memória sobre a íbis dos antigos egípcios. E o Discours sur les révolutions de la surface du Globe (Discurso sobre as revoluções da superfície do Globo) 1825, contendo a Determinação das aves denominadas íbis pelos antigos egípcios. [*S. l.*]: [*s. n.*], 2020.

FARIÑA, R. A.; VIZCAÍNO, S. F.; DE IULIIS, G. Megafauna: giant beasts of Pleistocene South America, **Encyclopedia of Ocean Sciences**. [*S. l.*]: [*s. n.*], 2013.

FARIÑA, R. A. *et al.* Arroyo del Vizcaíno, Uruguay: A fossil-rich 30-ka-old megafaunal locality with cut-marked bones. **Proceedings of the Royal Society B: Biological Sciences**, [*S. l.*], v. 281, p. 1-6, 2013.

FERIGOLO, J. Late Pleistocene South American land-mammal extinctions: The infection hypothesis. **Quaternary of South America and Antarctic Peninsula**, [*S. l.*], v. 12, p. 279-310, 1999.

FERREIRA, A. R.; FRANCO, M. M. Reprogramação epigenética em gametas e embriões de mamíferos. **Revista Brasileira da Reprodução dos Animais**, [*S. l.*], v. 36, p. 3-9, 2012.

FISCHER, E. **A necessidade da arte.** 3. ed. Rio de Janeiro: Zahar, 1971.

FLEAGLE, G. **Primate adaptation and evolution.** 2. ed. New York: Academic Press, 1999.

FLINN, M. V.; GEARY, D. C.; WARD, C. V. Ecological dominance, social competition, and coalitionary arms races. **Evolution and Human Behavior**, [*S. l.*], v. 26, n. 1, p. 10-46, 2005.

FOLEY, R. **Apenas mais uma espécie única:** padrões da ecologia evolutiva humana. São Paulo: Editora da Universidade de São Paulo, 1993.

FREEMAN, S.; HERRON, J. C. **Análise Evolutiva.** 4. ed. Porto Alegre: Artmed, 2009.

FREIRE-MAIA, N. **Teoria da Evolução:** de Darwin à Teoria Sintética. Belo Horizonte: Itatiaia; São Paulo: Editora da Universidade de São Paulo, 1988.

FREITAS-SILVA, L. R.; ORTEGA, F. J. G. A epigenética como nova hipótese etiológica no campo psiquiátrico contemporâneo. **Physis - Revista de Saúde Coletiva**, [*S. l.*], v. 24, n. 3, p. 765-786, 2014.

FURUICHI, T.; KOOPS, K.; RYU, H.; SANZ, C.; SAKAMAKI, T.; MORGAN, D.; TOKUYAMA, N. Why do wild bonobos not use tools like chimpanzees do? **Behaviour**, [*S. l.*], v. 152, n. 3-4, p. 425-460, 2015.

GENARO, O.; REIS, A. B. **Leishmaniose tegumentar americana.** *In:* NEVES, D. P. Parasitologia Humana. 11. ed. São Paulo: Ed. Atheneu, 2005. p. 47-64.

GLASSER, M.; COALSON, T.; ROBINSON, E. *et al.* A multi-modal parcellation of human cerebral cortex. **Nature**, [*S. l.*], v. 536, p. 171-178, 2016.

GOMBRICH, E. H. **A história da arte.** 16. ed. Rio de Janeiro: LTC, 1999.

GRIFFITHS, A. J. F. *et al.* **Introdução à genética.** 8. ed. Rio de Janeiro: Guanabara Koogan, 2006.

HADDAD, F. **O terceiro excluído:** contribuição para uma antropologia dialética. Rio de Janeiro: Zahar, 2022.

HAUSER, A. **Teorias da arte.** 2. ed. São Paulo: Martins Fontes, 1978.

HENSHILWOOD, C. Blombos cave - a tale of two engravings. **The Digging Stick**, [*S. l.*], v. 19, n. 2, p. 1-5, 2002.

HENSHILWOOD, C. S.; MAREAN, C.W. The origin of modern human behavior: critique of the models and their test implications. **Current Anthropology**, [*S. l.*], v. 44, n. 5, p. 627-651, 2003.

HENSHILWOOD, C. S. *et al.* An abstract drawing from the 73,000-year-old levels at Blombos Cave, South Africa. **Nature**, [*S. l.*], v. 562, n. 7725, p. 115-118, 2018.

HUBBE, M. *et al.* **A Primeira Descoberta da América.** Ribeirão Preto: Sociedade Brasileira de Genética, 2003.

JABLONKA, E; LAMB, M. **Evolução em quatro dimensões:** DNA, comportamento e a história da vida. São Paulo: Companhia das Letras, 2010.

JURMAIN, R. *et al.* **Introduction to Physical Anthropology.** Belmont: Thomson Wadsroth, 2012.

JUSTAMAND, M. **O Brasil desconhecido:** as pinturas rupestres de São Raimundo Nonato Piauí. Tese (Doutorado em Ciências Sociais) – Pontifícia Universidade Católica de São Paulo, São Paulo, 2007.

JERISON, H. J. Adaptation and preadaptation in hominid evolution. *In:* TOBIAS, P. V. *et al.* (org.). **Humanity from African Naissance to Coming Millennia**. Joanesburgo: Witwatersrand University Press, 2001. p. 373-378.

KLEIN, R. G.; EDGAR, B. **O despertar da cultura:** a polêmica teoria sobre a origem da criatividade humana. Rio de Janeiro: Jorge Zahar, 2005.

KORMONDY, E. J.; BROWN, D. E. **Ecologia Humana.** São Paulo: Atheneu, 2002.

KREBS, J. R.; DAVIES, N. B. **Introdução à ecologia comportamental.** São Paulo: Atheneu, 1966.

LAHAYE, C. *et al.* Human occupation in South America by 20,000 BC: The Toca da Tira Peia site, Piauí, Brazil. **Journal of Archaeological Science,** [*S. l.*], v. 40, n. 6, p. 2840-2847, 2013.

LARAIA, R. B. **Cultura:** um conceito antropológico. 23. ed. Rio de Janeiro: Editora Zahar, 2009.

LEFÈVRE, C. M.; SHARP, J. A.; NICHOLAS, K. R. Evolution of lactation: ancient origin and extreme adaptations of the lactation system. **Annual review of genomics and human genetics,** [*S. l.*], v. 11, p. 219-238, 2010.

LEM, S. **Solaris.** São Paulo: Aleph, 2017.

LEVIS, C. *et al.* Persistent effects of pre-Columbian plant domestication on Amazonian forest composition. **Science,** [*S. l.*], v. 355, n. 6328, p. 925-931, 2017.

LEWIN. R. **Evolução humana.** São Paulo: Atheneu, 1999.

LEWIN, R. **Human Evolution:** an illustrated introduction. 5. ed. USA: Blakwell Publish, 2005.

LEWIS-WILLIAMS, D. **La mente en la caverna:** la conciencia y los orígenes del arte. Madrid: Akal, 2005.

MACHADO, A. **Neuroanatomia Funcional.** 2. ed. São Paulo: Atheneu, 2000.

MACPHEE, R. D. E.; MARX, P. A. The 40,000-year plague: humans, hyperdisease, and first-contact extinctions. *In:* GOODMAN, S. M.; PATTERSON, B. D. (ed.). **Natural Change and Human Impact in Madagascar.** Washington: Smithsonian Institution Press, 1997. p. 169-217.

MARTIN, P. S. Africa and Pleistocene overkill. **Nature,** [*S. l.*], v. 212, n. 5060, p. 339-342, 1966.

MATSUNO, T.; FUJITA, K. A comparative psychophysical approach to visual perception in primates. **Primates,** [*S. l.*], v. 50, n. 2, p. 121-130, 2009.

MAYR, E. Introduction. *In:* DARWIN, C. [1859]. **On the origin of species:** a facsimile of the first edition. Cambridge: Harvard University Press, 1964.

MAYR, E.; PROVINE, W. B. (ed.) **The evolutionary synthesis:** Perspectives on the unification of biology. Cambridge: Harvard University Press, 1980.

MAYR, E. **Uma ampla discussão:** Charles Darwin e a gênese do pensamento evolutivo moderno. Ribeirão Preto: FUNPEC, 2006.

MITHEN, S. J. **A pré-história da mente:** uma busca das origens da arte, da religião e da ciência. São Paulo: Editora UNESP, 2002.

MONTEIRO, E. **Paleoantropologia para iniciantes: um curso ilustrado sobre a evolução biológica humana.** Paleoantropologia, 2011. Disponível em: http://www.paleoantropologia.com.br/. Acesso em: 1 jan. 2012.

MORAIS, F. **Arte é o que eu e você chamamos arte:** 801 definições sobre arte e o sistema da arte. 4. ed. Rio de Janeiro: Record, 2002.

MORAN, E. F. **Adaptabilidade humana:** uma introdução à antropologia ecológica. São Paulo: Editora da Universidade de São Paulo, 1994.

MORCOTE-RÍOS, G. *et al.* Colonisation and early peopling of the Colombian Amazon during the Late Pleistocene and the Early Holocene: New evidence from La Serranía La Lindosa. **Quaternary International**, [*S. l.*], v. 578, p. 5-19, 2020.

MOTHÉ, D. *et al.* Sixty years after "The mastodonts of Brazil": The state of the art of South American proboscideans (Proboscidea, Gomphotheriidae). **Quaternary International**, [*S. l.*], v. 443, p. 52-64, 2017.

MOURA, J. F. *et al.* Damaged armour: Ichnotaxonomy and paleoparasitology of bioerosion lesions in osteoderms of Quaternary extinct armadillos. **Journal of South American Earth Sciences**, [*S. l.*], v. 109, 103255, 2021.

MÜNZEL, S.; SEEBERGER, F.; HEIN, W. The Geißenklösterle Flute – Discovery, Experiments, Reconstruction. *In:* HICKMANN, E.; KILMER, A.; EICHMANN, R. (ed.). **Studien zur Musikarchäologie III**. Westfalen: Marie Leidorf, 2002. p. 107-118.

NEVES, W. A. E no princípio... era o macaco! **Estudos Avançados**, [*S. l.*], v. 20, n. 58, p. 249-285, 2006.

NIETZSCHE, F. **Fragmentos finais**. Brasília: UnB, 2002.

NOWAK, R. **Walker's mammals of the world**. 6. ed. Baltimore e London: The Johns Hopkins University Press, 1999.

O'DEA, A. *et al.* Formation of the Isthmus of Panama. **Science Advances**, [*S. l.*], v. 2, n. 8, p. 1-12, 2016.

ORTEGA Y GASSET, J. La deshumanización del arte. Universidade de Indiana. **Revista de Occidente**, [*S. l.*], 7. ed., p. 19, 1925.

OSBORNE, H. **Estética e teoria da arte:** uma introdução histórica. 2. ed. São Paulo: Cultrix; Editora da Universidade de São Paulo, 1974.

PARÍS, C. **O animal cultural:** biologia e cultura na realidade humana. São Carlos: EdUFSCar, 2002.

PATEL, A. D. **Language, music, syntax and the brain**. Nature Neuroscience, [*S. l.*], v. 6, n. 7, p. 674-681, 2003.

PEREIRA, C. L. J. **Nietzsche e a fisiologia da arte**. Cadernos Nietzsche, [*S. l.*], v. 36, n. 2, p. 177-200, 2015.

PÉREZ, A. E.; AGNOLIN, F. L. **Were human-introduced diseases the responsible for Pleistocene-Holocene megafaunal extinctions? First evidence from South America**. The Holocene, [*S. l.*], v. 31, n. 4, p. 690-693, 2021.

PIERCE, B. A. **Genética: um enfoque conceitual**. 2. ed. Rio de Janeiro: Guanabara Koogan, 2004.

PINKER, S. **The cognitive niche: Coevolution of intelligence, sociality, and language**. Proceedings of the National Academy of Sciences, [*S. l.*], v. 107, n. supplement 2, p. 8893-8999, 2010.

PIVETTA, M. *Homo sapiens* **no centro da América do Sul**. Revista Pesquisa FAPESP, [*S. l.*], Edição 259, p. 82-85, 2017.

POUGH, F. H.; JANIS, C. M.; HEISER, J. B. **A vida dos vertebrados**. 4. ed. São Paulo: Atheneu, 2008.

PRADO, Y. C. L. **Análise anátomo–funcional dos músculos do antebraço e a citoarquitetura do neocórtex occipital de *Cebus libidinosus***. Tese (Doutorado em Ciência Animal) – Universidade Federal de Goiás, Escola de Veterinária, Goiânia, 2010.

PROUS, A. **O Brasil antes dos brasileiros:** a pré-história de nosso país. Rio de Janeiro: Jorge Zahar, 2006.

REIS, C.; ARAÚJO, L. A Natureza das Mudanças na Biologia Evolutiva Contemporânea: Síntese Evolutiva Estendida? **Dissertatio**, [*S. l.*], n. 50, p. 133-150, 2019.

RIDLEY, M. **Evolução**. 3. ed. Porto Alegre: Artmed, 2006.

SÁNCHEZ-MORALES, I. The Clovis lithic assemblage from El Fin del Mundo, Sonora, Mexico: Evidence of upland campsite localities. **PaleoAmerica**, [*S. l.*], v. 4, p. 76-81, 2018.

SENE, F. M. **Cada caso, um caso... puro acaso:** os processos evolução biológica dos seres vivos. Ribeirão Preto: Sociedade Brasileira de Genética, 2009.

SCHLINDWEIN, M. N. **O meteoro bípede:** crônica sonora do silencioso massacre inconsequente da biodiversidade. São Carlos: EdUFSCar, 2021.

SIMONS, E. **Primate evolution**. New York: Macmillan Inc, 1972.

SOIBELZON, L. H. **Broken Zig-Zag**: Una nueva hipótesis sobre las causas de la extinción de los megamamíferos en América del Sur. Museo, [*S. l.*], v. 3, p. 24-28, 2008.

SPERBER, D. The modularity of thought and the epidemiology of representations. *In:* HIRSCHFELD, L. A.; GELMAN, S. A. (ed.). **Mapping the mind:** domains specificity in cognition and culture. Cambridge: Cambridge University Press, 1994.

SUSSMAN, R.W. **Primate origins and the evolution of angiosperms**. American Journal of Primatology, [*S. l.*], v. 23, n. 4, p. 209-223, 1991.

THAUT, M. H. **The Musical Brain**: an artful biological necessity. Karger Gazette, [*S. l.*], v. 70, p. 2-4, 2009.

THOMAS, H; MARTINS, L.; MENDES, O. **A arte através dos tempos**. Porto Alegre: Editora Globo, 1970.

THOMASSON, A. L. A ontologia da arte. *In:* KIVY, P. (org.). **Estética:** fundamentos e questões de filosofia da arte. São Paulo: Paulus, 2008.

TOLSTÓI, L. **O que é arte?** São Paulo: Ediouro, 2002.

VELDEN, F. F. V. **Realidade, ciência e fantasia nas controvérsias sobre o Mapinguari no sudoeste amazônico**. Boletim do Museu Paraense Emílio Goeldi – Ciências Humanas, [*S. l.*], v. 11, p. 209-224, 2016.

VELOSO, C. **Transa**. Londres: Philips, 1972. 1 álbum (37 min 13 seg).

WAAL, F. **Eu, primata:** por que somos como somos. São Paulo: Companhia das Letras, 2007.

WALLACE, A. R. **The limits of natural selection as applied to man**. Contributions to the theory of natural selection: a series of essays. New York: MacMillan, 1871.

WELLS, R. B. **Cortical neurons and circuits:** A tutorial introduction. Moscow: LCNTR Tech Brief, 2005.

WILDE, O. **O retrato de Dorian Gray.** Rio de Janeiro: Abril Cultural, 1972.

WILDE, O. **A alma do homem sob o socialismo.** Porto Alegre: L&PM, 2017.

WILDE, O. **O retrato de Dorian Gray.** São Paulo: Via Leitura, 2018.

WILSON, E. O. **Sociobiology**: The new synthesis. Cambridge: Harvard University Press, 1975.

ZIHLMAN, A. L.; CRONIN, J. E.; CRAMER, D. L.; SARICH, V. M. **Pygmy chimpanzee as possible prototype for the common ancestor of humans, chimpanzees and gorillas.** Nature, [*S. l.*], v. 275, p. 744-746, 1978.